预科教育培养模式研究

Preparatory
Education
Cultivation
Model

王奎正　等著

汕頭大學出版社

图书在版编目（CIP）数据

预科教育培养模式研究 / 王奎正等著 . — 汕头：
汕头大学出版社，2018.4
ISBN 978-7-5658-3268-0

Ⅰ . ①预… Ⅱ . ①王… Ⅲ . ①高等教育—培养模式—
研究—中国 Ⅳ . ① G649.2

中国版本图书馆 CIP 数据核字（2017）第 313086 号

预科教育培养模式研究　　YU KE JIAO YU PEI YANG MO SHI YAN JIU

著　　者：王奎正等
责任编辑：汪艳蕾
责任技编：汤　丽
封面设计：楚芊沅
出版发行：汕头大学出版社
广东省汕头市大学路 243 号汕头大学校园内　邮政编码：515063
电　　话：0754-82904613
印　　刷：北京市金星印务有限公司
开　　本：787mm × 1092mm　1/16
印　　张：16.25
字　　数：201 千字
版　　次：2018 年 4 月第 1 版
印　　次：2018 年 4 月第 1 次印刷
定　　价：49.00 元
ISBN 978-7-5658-3268-0

发行 / 广州发行中心　通讯邮购地址 / 广州市越秀区水荫路 56 号 3 栋 9A 室　邮政编码 /510075
电话 /020-37613848　传真 /020-37637050

目　录

导 论

关于“民族预科教育培养模式创新研究”这个题目，有几个问题需要在导论中预先做出说明。

一、预科教育

预科教育，简单地说，就是某种教育层次的预备阶段。中国的预科教育始于清朝末期。但清末的预科教育存在的时间很短，规模也很小。在中国目前的教育制度中，主要有两种层次的预科教育，一种是为本科培养和输送人才的预科，简称本科预科。本科预科生学习期满，成绩合格的，可以升入本科成为正式的本科生。另一种是为研究生培养和输送人才的预科，简称研究生预科。研究生预科也称为少数民族骨干人才计划。本专科学生在研究生入学考试时，达到研究生入学的正式录取线，可以被录取为正式研究生。而成绩未达到正式录取线但却达到预科录取线的，可以先录取为研究生预科，待学习期满、成绩合格者，正式进入研究生阶段的学习。

从预科教育的这种性质可以看出，预科教育不属于学历教育的一个正规阶段，而是隶属于相应的学历教育，也就是说，是为某种学历教育培养的预备人才。

二、预科教育的类型

有学者提出："中国预科教育主要包括民族预科、华侨预科、留学预科三大类。"[①] 其中，民族预科教育，全称是少数民族预科教育，其招生对象是国内的少数民族学生。华侨预科主要招生对象是港澳和海外华侨的子女。而留学预科主要是语言教育，为留学生留学的需要所开设。留学预科又分为两种，一种是为海外学生进入中国学习而开设的汉语预科，另一种是为中国学生海外留学的需要而开设的外语预科。

三、民族预科教育

中国的民族预科教育始于清朝末期。但清末的少数民族预科教育存在的时间很短，规模也很小。大规模地举办少数民族预科教育，是在中华人民共和国成立以后。2016 年，全国少数民族预科招生计划 49810 人。在招生总数中，若按计划的性质分类，包括两种，一是一般预科招生计划 41455 人，二是新疆协作计划预科 8355 人。在招生总数中，若按计划的层次分类，也是两种，一是本科预科 48649 人，二是研究生预科 1161 人。若从全国高等教育的规模来看，预科教育的规模并不大，但由于民族预科教育承担着培养少数民族人才的重要任务，因此，民族预科教育的重要性并不能因规模较小而被忽视。

从 2016 年的民族预科招生数量看，主要是本科预科。在少数民族本科预科中，一部分是使用本民族的语言文字参加高考的，这类考生通常称

① 林锋、席晓靖：《当代预科教育综述》，《北京邮电大学学报》（社会科学版）2007 年第 4 期。

为“民考民”类型；另一部分是使用汉语言文字参加高考的，这类考生通常称为“民考汉”类型。民考民类预科生进入大学预科后，由于在使用国家通用语言文字方面还存在一定障碍，因此，民考民类预科生在预科阶段一个很重要的任务是学习国家通用语言文字，确保他们进入本科后能使用国家通用语言文字听课和交流。民考民类预科的学制一般是两年。而民考汉类预科，由于学生的国家通用语言文字水平基本过关，因此学制要短一些，通常是一年。本课题的研究对象，主要针对一年制的民考汉类预科。民考民类的预科、研究生预科（少数民族骨干人才计划）、华侨预科、留学预科暂不作为本课题的研究对象。这些类型的预科教育没有列入本课题的研究对象，并非说这些类型不重要，也不是说我们对这些类型从未关注。相反，我们对这些类型的预科教育也给予了足够关注。不过，从本课题的研究角度看，不同类型的预科教育，应该有不同的培养模式，我们并未打算提出一种放之四海而皆准的预科教育培养模式。

四、培养模式

人们对“模式”一词通常会有不同的理解，但比较权威的解释是《现代汉语词典》中的解释。《现代汉语词典》把“模式”解释为：“某种事物的标准形式或使人可以照着做的标准样式。”[①] 从这个解释看，“标准形式”和“标准样式”是理解“模式”的两个角度。

本课题讨论的“培养模式”，核心的问题是两个，一是按什么标准来培养预科生，二是如何实现这种标准。孔繁敏等认为：“人才培养模式的内涵包括两个方面：‘培养什么样的人’和‘如何培养人’。‘培养什么

① 中国社会科学院语言研究所词典编辑室编：《现代汉语词典》（第5版），商务印书馆2005年版，第961页。

样的人’涉及培养目标和培养规格两个要素；‘如何培养人’则包括培养内容、培养过程、培养途径、考核评价、保障措施等要素。而且每一个要素又包括一系列相关的具体内容。”[①]也就是说，预科人才培养模式问题涉及预科人才培养的方方面面。随着课题研究的深入，我们越来越认为：人才培养模式问题，是一个牵一发而动全身的“牛鼻子”，只有把这个问题弄清楚了，我们在预科人才培养方面才能做到胸中有数和有的放矢。

就一年制的少数民族本科预科人才培养模式来说，至少有以下问题是我们无法回避的。① 民族预科教育的历史与培养模式的创新；② 民族预科教育的属性、定位与培养模式的创新；③ 民族预科教育的特殊性与培养模式创新；④ 科研与少数民族预科教育培养模式的创新；⑤ 民族预科教育的招生政策培养模式的创新；⑥ 从预科与本科的衔接性看民族预科教育培养模式的创新；⑦ 课程设置（或课程体系）与民族预科培养模式的创新；⑧ 考核评价体系与民族预科培养模式的创新；⑨民族预科学生心理与培养模式的创新。当然，上述方面不可能穷尽培养模式的所有方面，但至少是最重要的几个方面。至于为什么从这些方面进行研究，在以下各章中再做交代。

---

① 孔繁敏等编：《应用型本科人才培养的实证研究》，北京师范大学出版社 2010 年 6 月第 1 版，第 68 页。

第一章
西方的预科教育及其培养模式

预科教育这种教育形式，产生于西方，后来传到日本。在清末兴办新学的时候，中国又模仿日本举办了预科教育。那么，在西方国家为什么会产生预科教育这种形式？西方国家现在的预科教育有没有借鉴意义？这是本章要讨论的问题。

一、预科教育的产生

预科教育最早产生于西方。但具体产生于什么时间？早期的预科教育采用什么样的培养模式？对这些问题，学术界看法不一。北京邮电大学民族教育学院林锋等在《当代预科教育综述》中提出："早在18世纪，西方资本主义国家就把预科列入高等教育学制。18世纪后半叶，西方资本主义国家为了培养工业大革命、机器大生产所需要的各种技术人才，适当改变教育体制，在一些著名的大学设立预科教育，这种预科教育到19世纪、20世纪发展迅速，传到世界各地。例如，苏联、日本、法国的大学等都曾设立过预科，有些国家或地区到目前仍保留着。”[①] 华中科技大学教育科学研究院博士研究生（山西师范大学教育学院讲师）闫建璋认为：“大学预科教育源远流长，早在 19 世纪的欧洲就已出现，民国时期的一些大学也设有预科部。中华人民共和国成立后，鉴于种种原因，这一层次的大学教育被全部取消。然而，近几年来，受高校扩招的影响和经济利益的驱动，大学预科教育在部分高校再度兴起，并热极一时。”[②] 上述两篇文献在预科教育产生的时间方面有不同的看法，一说是产生于 18 世纪，一说是产生于 19 世纪。预科教育最早产生于哪个国家？两篇文献都没有说明。在培养模式方面，闫建璋的文章没有对西方预科教育的培养模式做出说明，林锋等的文章对培养模式问题有所涉及，有几个地方都谈到了培养模式问题：一是“早在 18 世纪，西方资本主义国家就把预科列入高等教育学制”，也就是说，预科教育是高等教育的一部分；二是“在一些著名的大学设立预科教育”。

对西方预科教育产生的时间和培养模式介绍得比较清楚的是暨南大学华文学院的何修文。2005 年，何修文在《中国大学预科教育的几个理论问题》一文中，根据《现代汉语词典》《不列颠百科全书》（国际中文版）、《辞海》（夏征农主编）和宋太成的《中央民族大学预科：唱响了半世纪的摇篮曲》等资料，对“大学预科教育”提出了四种解释，其中第二条解释来自《不列颠百科全书》（国际中文版）。在这一条中，又分为两种情况：①“GYMNASIUM”：“在德国，使学生准备升入高等学校的一种国立中等学校。这种类型的 9 年制学校于 1537 年创立于施特拉斯堡。学生离校年龄虽通常为 19 岁或 20 岁，但他可在 16 岁结束学习而进入职业学校”；② PREPARATORY SCHOOL：“为学

① 林锋、席晓靖：《当代预科教育综述》，《北京邮电大学学报》（社会科学版）2007 年第 4 期。
② 闫建璋：《大学举办预科教育的利弊探析》，《高等工程教育研究》2007 年第 4 期。

生升学作准备的学校……在北美，由于中等教育较少选择性，进中学的竞争性也小，所以，预备学校一般是指为学生上大学作准备的私立中学。……在美国，很高比例的预备学校毕业生升入大专院校。”① 从何修文提供的资料看，Gymnasium 类型的预科教育于 1537 年创始于德国的施特拉斯堡。这种类型的预科教育和美国的 Preparatory School 都设立于中等学校中。

从现有的文献看，大多对西方早期的预科教育培养模式语焉不详，我们很难根据这些资料对西方早期的预科教育培养模式做出清晰的说明。相反，对西方国家目前的预科教育进行研究和介绍的资料相对较多。这个问题将在下面进行介绍和讨论。

二、法国的预科教育

法国的预科教育是为高等教育服务的，也就是说，预科毕业生基本上要进入高等学校继续学习。因此，法国的预科教育承担着为高等教育培养和输送新生的任务。而由于法国高等教育实行的是双轨体制，实际上，法国的预科教育也有两种类型。

（一）法国高等教育的基本情况

很多研究者都注意到，法国的高等教育是双轨制的，一种是面对大众的“大学”，另一种是培养精英的“大学校”。② 根据这些作者的研究，

① 何修文：《中国大学预科教育的几个理论问题》，《暨南学报》（哲学社会科学版）2005 年第 2 期。

② 刘敏、张自然：《巴黎高等师范学校研究生教育特点浅析》，《外国教育研究》2015 年第 5 期。陈维嘉等：《法国“大学校”办学模式及其启示》，《中国高等教育》2010 年第 24 期。于黎明等：《高等工程教育发展趋势与国际化办学探索》，《高等工程教育研究》2013 年第 2 期。于黎明等：《法国预科教育与中国本科教育教学法比较与融合研究》，《高等工程教育研究》2013 年第 4 期。张英伯、文志英：《法兰西英才教育掠影》，《数学通报》2013 年第 1 期。

我们可以大致梳理出法国高等教育的基本情况。

法国每年大约有 280 万学生进入高等教育。高等教育分成两个部分：80 多所大学（Universit é ）和数百所各种高等专科学校，即大学校（Grande é cole），例如，巴黎路桥学校、巴黎高等矿业学校、里昂中央理工学院、巴黎高等电信学院、巴黎综合理工学院、巴黎高等师范学院，等等。其中，成立较早的是巴黎综合理工学院和巴黎高等师范学院，都成立于 1794 年。这些学校招生数量都很少，每年总共的招生量只有 10 万多人。其余的 200 多万名学生，主要进入大学学习。

在世界其他国家和地区普遍的情况是，大学要高于高等专科学校。而在法国，情况却恰恰相反，无论从入学难度、培养质量，还是毕业生的声望等各个方面看，大学校都高于大学。这是法国高等教育的独特性所在。

在法国，大学属于普及性教育，而大学校却是典型的精英教育。申请进入大学的学生，不用参加考试，60%都能成功进入大学。大学校却有很大不同，要想进入大学校学习，必须经过极为严格的考试选拔，全国只有不到 10%的学生可以通过考试并进入大学校学习。

（二）为“大学校”培养人才的预科教育

法国的“大学校”是典型的精英教育。就拿闻名世界的巴黎高等师范学院（以下简称巴黎高师）来说，从名字看，似乎是一所很普通的一般师范学校。可是，它在法国多年以来一直居于学校排名前 3 名的位置。在该校 200 多年的办学历史中，培养出罗曼 · 罗兰、安德烈 · 苏亚雷、柏格森、萨特、尼赞、阿尔图赛、雷蒙 · 阿隆、福柯、德里达等享誉全球的著名学者。在 2015 年上海统计的杰出毕业生排名中，巴黎高师位于全世界第九位，在法国排在第一位。[1]

巴黎高师在招生和人才培养方面的“严进严出”制度，是闻名遐迩的。该校每年只招收几百人，但报考人数达到数万人，其录取人数与报考人数之比，大约在5%，也就是说，每100个报考学生中，只有几个人被录取。该校的入学考试难度在法国是首屈一指的。

要报考巴黎高师，首先要进入该校设在高中的预科班。一般的法国高中生毕业时，要参加法国统一举办的毕业统考。获得毕业证后，即可持毕业证申请进入大学学习。各大学不再举行入学考试。高中毕业生若想进入大学校学习，就必须通过严格的考试选拔，进入预科学习两年。预科的课程难度大约相当于本科一二年级水平。预科毕业后，再通过严格的考试选拔，只有极少数人才能进入大学校继续深造。所以，预科生，实际上是非常优秀的高中毕业生。他们在预科学习期间，课程压力很大。就拿语言课程来说，都要修习一门外语，而这些外语课程，通常是偏于学术型的语言，如拉丁语、希腊语等。所以，最后能进入大学校学习的人，都是精英中的精英。

在法国，为大学校培养预科生的学校有很多，如路易大帝中学、圣路易预科学校和查理曼预科学校等。据访问过路易大帝中学的张伯英教授介绍，路易大帝中学是法国最顶尖的一所公办中学。该校只设高中和预科，不设初中。学校有选择学生的权利。选择方式是按照各校初中生的学习档案和成绩，由路易大帝中学录取。录取学生并没有入学考试。过去，学校的生源主要来自市中心地区的初中。市中心地区集中了文化与经济水平较高的家庭。正因为这个原因，社会上对此有所不满，认为这些初中名校变

① École normale sup é rieure[EB/OL].[2017-01-12]. http://www. ens. fr/l-ecole-1/l-ecole/?lang=fr.

成了“贵族学校”，引起了社会的不公。现在，巴黎学区决定：强制高水平的中学有义务更多地发现和吸收郊区的优秀初中生。

据张伯英介绍，路易大帝中学培养出一些世界闻名的校友。这所学校不仅培养了世界著名的文学家雨果和莫里哀，而且著名的思想家伏尔泰也曾在该校学习。现在该校还有两个院子分别被命名为雨果院和莫里哀院。在法国大革命时期，把法国国王路易十六送上断头台的罗伯斯庇尔，也是该校毕业生。路易大帝中学的教学内容、难度和质量，在法国是闻名的。国家的高中毕业会考中，路易大帝中学的合格率为99%左右，其中1/3能够考入本校的预科班，预科毕业生能100%考取高等学校，其中至少有1/3考入著名的巴黎综合理工学院。据巴黎综合理工学院公布的数据看，该校的新生，每年有1/4来自路易大帝中学的预科。另据网上公布的数据显示，2006年，巴黎高师数学物理科入学考试的前3名、第8、第9名，数学物理信息科的第1名，物理化学工程科的第1、第3、第4、第7、第11名，均来自路易大帝中学。巴黎综合理工学院的数学物理工程、物理化学工程、物理工程的状元，巴黎国家高等矿业学院的3科状元，也来自路易大帝中学。

（三）为法国各大学培养留学生的预科教育

法国作为一个发达国家，有将近400所高等学校（大学和大学校），每年的高中毕业生只有280万人，即使全部进入高等学校学习，每个学校的新生平均也只有7000～8000人。因此，很多大学对外招收留学生。这些留学生要想进入高等学校学习，首先要过语言关。所以很多大学也设立了专门针对留学生的预科，其主要任务是培养和提高拟留学人员的法语水平。

目前，学术界几乎无人对这类预科进行研究，这方面的研究文献也极少。不过，恰好笔者的侄女曾在2007年6月进入法国卡昂大学下属的国际

起到了事半功倍的效果。

法语结构（Structures de la langue francaise），该课是上半学期语音课的加强版本，在课上，已经从纠正发音的阶段上升到研究各个音节的构成与规律，虽然有时有些生涩难懂，但是却为将来的阅读及会话起到了铺垫的作用。

文化 / 原文及资料（Civilisation/texte & document），该课与法国文学课有几分相似，也是学习与研究文学大家的短篇名著或是诗歌散文。不同的是，该课是通过对于这些作品的研究与欣赏，揭示法国文化的发展史及影响力，提高学生学习的热情。

语言与法国文学（Langue et litterature francaise），在上个学期学习的基础上，加深加长了所阅读作品的篇幅与难度，对于学生的阅读能力是很大的挑战。

模拟课（Simulation globale），这门课是让学生进行角色扮演，老师把学生分成两组，每一组代表一栋大楼的居民，个人的身份职业及兴趣爱好都是自己设计的，然后再与其他人进行互动发生故事，老师在一旁记录。所有发生的故事都是临场发挥的，没有一个人知道另一个人会说什么，大大地提高了学生的听说与应变能力，课堂气氛十分活跃。

传媒及多媒体中的法语（Francais des medias et du multimedia），该课是通过对报纸的阅读与新闻的凝听，了解在大众传媒中的法语的用法及表达方式，很有现代性，且帮助学生在以后的生活中更好地看新闻，了解世界大事。

语言中的社会学（Sociologie de la langue），法语不仅仅是学生们所学的书面上的法语，它也由于地区的差异，而有不同的表达方式，也会由于社会的身份地位教育程度的差异而存在天壤之别，地域上的区别比如西南部与西班牙接壤的地区所说的方言，北部与德国接壤区域的方言。人文上的区别比如自北非移民而来的郊区人前后颠倒的构词方式，阿拉伯裔法国年轻人粗俗的黑话，这些语言上的不同就像一个巨大的万花筒深深地吸引着学生。

三、德国的预科教育

德国的预科教育，实际上也有两种形式，一种是“大学预科”，招生对象主要是德国人；另一种是培养留学生的预科。

（一）德国的“大学预科”

要理解德国的大学预科教育，有必要先简单介绍一下德国教育的一般情况。

德国的小学学制是四年。四年后学生们分流到三种不同类型的中学中。中学有三种，分别是主体中学、文科中学和实科中学。

主体中学，其前身为国民学校。设置这类学校的目的是普及教育，招生对象主要是社会中下层子弟。在很长一段时间内，德国80%以上的小学毕业生进入这类中学。或许就是因为学生人数占主体地位，所以，1964年的《汉堡协定》称这类学校为“主体学校”。目前，主体学校的学生人数，在德国已经不占主要地位，但这个名称沿袭了下来。主体中学学制5年，即5～9年级。主体中学的毕业生，大部分要接受职业培训。若拿不到毕业证书，就很难找到职业培训岗位，就业就成为很大的难题，因为在德国没有经过职业培训是不能上岗的。

文科中学，也可称为“完全中学”。文科中学学制9年，分为两个阶段，5～10年级是中学，11～13年级是高级中学。前者具有义务教育属性，和主体中学的 5 ～ 9 年级基本相同。而高级中学是非义务教育。10 年级毕业，经过考试选拔，合格者才有机会进入高级中学学习。大部分文科中学的毕业生的目标是进入大学学习。

德国的第三种中学是实科中学，实际上就是职业技术教育中学。小学毕业后，对实用自然科学感兴趣并有这方面才能的学生，可以进入实科中学学习。在过去，由于实科中学处于主体中学和文科中学的中间，故常被称为“中间学校”。1964 年的《汉堡协议》统一了各种学校的名称，这种学校便被称为“实科中学”。实科中学学生毕业后，一方面，可以接受职业技术教育。相比较而言，他们所能进入的专业学校和专业学院，比主体学校的毕业生更好。另一方面，成绩很好的实科中学毕业生，也可以转入文科中学高级阶段学习，并谋求继续进入大学学习。实科中学学制 6 年，即 5 ～ 10 年级，比主体中学多一年。之所以多 1 年，目的是使主体中学中有能力的毕业生可以转入实科中学再学习 1 年，以便获取这里的实科中学的毕业文凭，有利于主体中学毕业生的就业。①

在这三种形式的中等教育中，主体中学主要是面对大众的；实科中学主要是职业技术教育，这种教育为德国培养了大量的实用技术人才；相比较而言，文科中学升入大学学习的概率更大。

---

① 郑也夫：《德国教育与早分流之利弊》，《清华大学教育研究》2012 年第 6 期。另外，何修文在《中国大学预科教育的几个理论问题》（《暨南学报》哲学社会科学版 2005 年第 2 期）中提出，“Gymnasium”是“在德国，使学生准备升入高等学校的一种国立中等学校。这种类型的 9 年制学校于 1537 年创立于施特拉斯堡。学生离校年龄虽然通常为 19 岁或 20 岁，但他可在 16 岁结束学习而进入职业学校。”何修文所说的 Gymnasium，很可能就是郑也夫所说的“文科中学”。而周海霞把这种中学翻译为“文理中学”，见周海霞：《G8 还是 G9？——德国文理中学教育制度改革之再改革》，《外国中小学教育》2013 年第 8 期。

这三种教育形式存在了上百年，对世界上其他国家的教育产生了很大影响。日本“明治维新”时的教育改革，主要的学习对象就是德国的教育制度。中国在清朝末年进行学制改革时，又从日本引进了这种教育制度，对清末、民初的教育产生了很大影响。关于这个方面的详细情况，参阅本书以后相关章节的内容。

在德国，上述三种中等教育的形式虽然存在了很长时间，但是，在第二次世界大战以后，对这种教育制度的反思和改革的呼声日渐高涨。很多人认为，主体中学、实科中学毕业生接受高等教育的机会相对较少，需要增加他们的升迁机会。随着教育平等和教育民主化呼声的高涨，德国又设置了一种新的中学——“综合中学”。综合中学单独设置，但内部同时包含主体中学、实科中学和文科中学，综合中学内部的各种中学相对独立，又相互贯通，综合中学的毕业生可分别授予主体中学、实科中学和文科中学的毕业文凭。这是德国教育改革的一项重要成就。

为了打通各种中学之间的通道，进一步提升主体中学和实科中学毕业生升入大学的比例，德国产生了大量成人业余教育大学举办的各种成人补习班，这是德国教育改革的另外一项重要成就。目前，德国的“大学预科”就是属于这种性质的教育。成人业余教育大学举办的各种成人补习班，主要有两种，一是“晚间文科中学”，二是“大学预科”，这两者都是对已经就业的人开设的。两者的学制都是 1 ～ 3 年，最长 4 年。“晚间文科中学”是白天工作晚上上学。“大学预科”属于全日制教育，不允许打工，部分人甚至可以获得国家提供的奖学金。1994 年，普通大学入学资格者中，来自晚间文科中学的毕业生占 1.5%，来自大学预科的毕业生占 1.9%，两者合计占 3.4%。具体情况如表 1–1 所示。

表 1–1 1994 年德国获取大学入学资格的各类学生数量及比例

	人数	占普通大学入学资格者比例
文科中学	175311	81.0%
文科中学（业余补习）	462	0.2%
综合中学	6653	3.1%
晚间文科中学	3350	1.5%
大学预科	4018	1.9%
专业文科中学	20300	9.4%
职业高中和技术高中	2149	1.0%
职业专科学校	1533	0.7%
其他	2536	1.2%
获普通大学入学资格者总数	216312	100.0%

资料来源：［德］克里斯托弗·福尔（著），肖辉英、陈德兴、戴继强（译）：《1945 年以来的德国教育：概览与问题》，北京：人民教育出版社，2002 年 10 月第 1 版，第 206—207 页。原文无表格，表格由笔者整理；且原文中无“其他”一项，若无此项，则各项人数之和与总数不能对应，比例也不是 100%。可能原文在统计时已有遗漏。因此，在整理此表时，引者将情况不明的部分，均归入“其他”一项，确保各项人数之和与总数相等，各项比例之和等于 100%。

从上述资料看，1994 年虽然有 4000 多名大学预科生进入德国大学学习，但是，该种预科的的规模有多大？课程设置、教学内容如何？进入大学的学生占预科生总人数的比例如何？这些问题，目前没有见到详细资料，我们无法对此展开进一步讨论。这将是笔者下一步要继续深入研究的问题之一。

在德国，除了“大学预科”之外，还有另外一种类型的预科，即专门为留学生设置的预科。

（二）德国的留学生预科

和法国一样，德国也大量招收留学生。而留学生要想进入大学学习，必须首先过语言关。留学生预科就是为留学生过语言关而设置的。

据留学过德国，并接受过德国大学语言教育的葛青研究，德国为留学生设置的预科，分为公立和私立两种。公立预科属于国家机构，数量较多，分布于德国各个联邦州，大部分隶属于某个大学。留学生预科学习结束，成绩合格，可直接升入该大学进行专业学习，当然也可以申请进入其他大学深造，自由度较高。私立预科则毕业生可自由申请期望进入的大学。预科的主要任务是让留学生掌握基本德语，大致了解大学相关专业的学习内容及研究方法。预科学习结束要参加考试，只有通过考试的人，才可进入大学学习。

葛青在自己的文章中，重点介绍了汉堡大学预科的预科教育。这种预科教育是为持外国高中毕业证书有意在德国高校学习深造的留学生提供学前教育而设立的。根据他所介绍的情况，我们可以把汉堡大学的留学生预科教育情况整理如下。

（1）教学目标。汉堡大学预科的教学目标如下：使学生达到一定的德语水准；学习所选专业的相关专业术语；掌握专业性基础知识和研究方法；培养学生的个人学习策略。

（2）预科学习年限，通常是 1 年。

（3）提出申请。凡是欲进入预科学习的人，须先提出申请。汉堡大学预科的申请一年有两次，秋季学期的申请日期从 8 月 1 日到 9 月 30 日；春季学期的申请日期从 2 月 1 日到 3 月 31 日。一年开班两次，一次是 1 月底开学，一次是 8 月底开学。

（4）预科课程设置。汉堡大学预科在一年内开设以下四类课程，供留学生根据自己的本科意向自由选择。第一，G 类课程。欲进入大学日耳曼学、历史、艺术、哲学、语言学、法律与政治、人类学、营养学、心理学、社会学、地理及音乐学科的学生，预科阶段课程有：德语、德国文学、历史、社会政治课程、英语。第二，M 类课程。欲进入大学医学、药学、生物学、心理学、运动学、林学和农业科学、人类学的学生，预科阶段课程有：德语、生物学、化学、数学和物理学。第三，T 类课程。欲进入大学建筑学、土木工程、化学、计算机科学、机械、地质学、电信工程、数学、物理学、矿物学、木材科学及其他类似学科的学生，预科阶段课程有：德语、数学（包括信息学）、物理学、化学和英语。第四，W 类课程。欲进入大学国民经济学、企业经济学、法律与政治、社会学及心理学等专业学习的学生，预科阶段课程有：德语、数学、国民经济学、英语、社会学。另外，该校非常强调学生的数学基础，如果留学生申请就读的专业为自然科学、工程学、医学或经济学，必须在汉堡大学预科补习数学。

（5）确认考试（Feststellungspr ü fung）。确认考试的全称为：联邦德国高校国外申请者入学资格确认考试，即预科结业考试。凡是通过考试者，获准在德国的大学就读。确认考试每年举行两次，它标志着预科教育的结束。该考试由笔试及口试两部分组成：第一，笔试考试。内容包括德语（DSH 考试）和专业课考试。德语考试由各高等学校自行组织，但基本模式是统一的，重点在于考查学生对所提供文章的理解能力、文字处理能力及归纳概括能力。DSH 笔试成绩为 DSH1（有一定德语基础，但未达标）的学生，不能获得语言过关证书，也就意味着没有机会进入大学学习。DSH 笔试成绩为 DSH2（德语成绩合格）的学生，还需要参加 DSH 的口语考试，根据口语、笔试考试成绩确定该生应获得 DSH2（德语成绩合格）或者 DSH3 证书。DSH 笔试成绩为 DSH3（优秀）的学生，不需要再参加 DSH 口语考试，可以直接申请进入大学学习。笔试考试中的专业课有两门，根据申请者所选大学专业确定其必修科目考试。德国高校每年会为预科生提供两次免费参加确认考试的机会。①

① 葛青：《对中国留学预科教育模式之探索——德国汉堡大学预科教育模式的启示》，《云南财经大学学报》（社会科学版）2012 年第 6 期。

四、澳大利亚的预科教育

关于澳大利亚的预科教育，以澳大利亚国立大学的预科教育为代表。

澳大利亚国立大学为计划进入国立大学的外国学生设置了预科课程，该课程是进入澳大利亚国立本科学习的最佳途径。当学生成功完成预科课程并满足本科的学术及英语要求，澳大利亚国立大学将保证每一位学生进入所选择的学士学位课程进行学习。如果学生第一个学期的预科课程成绩比较优秀，那么在第二个学期就可以开始本科课程的学习。

澳大利亚国立大学拥有七大学院（人文社科学院、商业经济学院、法学院、亚太研究学院、工程信息学院、药物健康学院、科学学院）。这些学院所提供的预科课程如表 1–2 和表 1–3 所示①。

表 1–2　澳大利亚国立大学提供的预科课程

人类学	英文	地理	历史	语言学
音乐	哲学	政治哲学	社会学	亚洲研究
经济	商业	会计	财务	工程
精算学	科技	法律	化学	电脑科学
物理	数学	统计	生物化学	植物学
动物学	心理学	农业学	地质学	视觉艺术
音乐艺术	绘画	摄影	雕塑	爵士乐研究
表演				

① 资料来源：中教国际赴澳办留学部：《澳洲国立大学》，《世界教育信息》2006 年第 6 期。原表无“表 1–2”和“预科”字样，“表 1–2”和“预科”为引者所加。关于“预科”，由于该文作者是留学宣传、招生机构，并非大学教学、科研或管理人员，因此原表题名“澳大利亚国立大学提供的课程”，这些课程是什么性质的课程，以及提供给什么人的课程等问题，没有说清楚。但从原文上下文情况看，这些课程是澳大利亚国立大学各学院专门针对预科学院的学生开设的预科课程。因为澳大利亚国立大学的课程总量一定远远超过这些课程。仅从课程名称看，这些课程都属于各个学科和专业的概论性质的课程。澳大利亚国立大学提供的这些课程，目的是让预科学生了解本科各个专业的基本情况和特殊要求，帮助学生了解自己是否适合学习这个专业。澳大利亚国立大学提供的课程，难度应该稍高于预科学院提供的课程。

表 1–3　预科学院提供的课程（包括 4 门必修课，4 门选修课）

学术英语	高级学术英语	澳大利亚政治	正确思考与逻辑
传媒	计算机基础	代数基础	微积分基础
语言学基础	三角学基础	会计入门	社会学入门
经济学入门	国际法入门	澳洲学入门	社会心理学入门
法律法规和社会			

从澳大利亚国立大学提供的课程和预科学院提供的课程相比较可以看出，澳大利亚国立大学提供的预科课程，可以分为四类，其教育教学的目的也有四个方面：

第一类是帮助学生了解澳大利亚政治、法律和社会的课程，比如《澳大利亚政治》《法律法规与社会》。就读于澳大利亚国立大学预科学院的学生，基本上是来自国外的留学生，让他们了解和理解澳大利亚的政治、法律和社会，有助于这些学生在澳大利亚更好地学习和生活。

第二类是科学方法论类的课程，如《正确思考与逻辑》。正确思考与逻辑，是大学所有专业学习的方法论基础，目的是要学生了解大学学习和中学学习的不同，掌握大学学习和研究问题的方法，为大学各个专业的学习奠定方法论基础。

第三类是语言能力课程，如《学术英语》《高级学术英语》。课程的目的是提高预科学生的专业英语能力和水平。该学院招生的对象是“高二、高中毕业或同等学力毕业生”。他们进入预科学院学习时，英语水平要求为雅思成绩 5.5 分（写作单科成绩在 5.0 分以上），也就是说，这些学生已经有了一定的英语基础。这样的英语水平应付一般英语会话已经没有问题。但是，从专业学习角度看，这样的英语水平还不能应付裕如，因为专业学习将遇到大量的专业英语词汇。所以，开设《学术英语》和《高级学术英语》，就是为学生学习专业知识奠定基础的。

第四类是为本科阶段的专业学习奠定相应知识基础的课程，同时帮助学生了解各个专业的学科方向和特殊要求，便于学生选择本科专业。这一类课程比较多，如预科学院提供的《计算机基础》《代数基础》《微积分基础》《三角学基础》《语言学基础》《会计入门》《社会学入门》《经济学入门》《国际法入门》《澳洲学入门》《社会心理学入门》等课程，以及澳大利亚国立大学各个学院提供的36门课程。学生通过学习这些课程，既可以知道各个学科和专业的基本情况，也可以知道各个学科和专业的特殊要求，学生即可结合自己的意愿和能力，最终决定自己适合学习什么本科专业。

当然，上述课程的分类也不是绝对的，比如《澳洲学入门》课程，也可以归类于帮助学生了解澳大利亚政治、法律和社会的课程。

五、结语与讨论

从上述情况可以看出，西方国家是在现代化初期，为了大量培养人才，预科教育这种形式才应运而生。

就法国的情况看，各种高等专门学校的预科，实行的是“2+3”学制，其中两年预科，设在高中，学习的课程相当于大学一、二年级的水平。毕业生经过选拔考试后，可以进入各个高等专门学校学习 3 年，毕业生获得研究生学位。这实际上是本硕连读模式，是一种精英教育。相比较而言，中国国内的预科教育和法国的这种预科教育相比，显然不可同日而语。中国的少数民族预科教育的招生对象，虽然也属于少数民族高中毕业生中比较精英的一类，但毕竟还有照顾的性质，有招生政策方面的优惠。我们的预科教育对象，不能说是“精英中的精英”。因此，这类预科教育对我们的借鉴意义不大。

就德国的预科教育而言，学完文科中学的 5 ～ 10 年级即算毕业。毕业后经过考试，还可进入 11 ～ 13 年级学习。高级阶段学习毕业，经过选拔可进入大学学习。这很可能就是何修文所说的德国预科教育（Gymnasium）。另外，中国从清末到民初的学制改革中，都设置有学制 3 年的预科教育阶段，很可能就是受到德国的影响。这种影响的线路，应该是从德国传到日本，又从日本传到中国。若情况果真如此，那么，这也是我们理解清末、民初预科教育的一条重要线索。

除了上述两种情况外，法国、德国和澳大利亚，都大量举办针对留学生的预科教育。就法国的情况看，重点在语言教育。其语言教育的独特性，很可供中国的少数民族预科教育参考，尤其值得两年制预科（民考民类预科）借鉴。法国的预科教育，把法语拆分成很细的科目，让学生在一年就能顺利通过语言关。这种做法值得借鉴。同时，这三个国家的预科教育，都极其注重根据预科生的本科意向来设置预科课程，学生可以根据自己的爱好和特长选择预科课程，相比较而言，国内的预科教育课程，只有文理两科，学生的选择余地其实是很小的。

另外，上述国家的留学生预科教育，基本上实现了预科课程和本科课程之间的有效衔接。例如，澳大利亚国立大学开设了很多学科入门课程，学生可以在预科期间通过学习不同的课程，更清楚地知道自己的爱好、能力和特长，对选择本科的学习方向是极有好处的。

最后值得一说的是，澳大利亚国立大学的预科教育，还开设了科学方法论类的课程，如《正确思考与逻辑》。正确思考与逻辑，是大学所有专业学习的方法论基础，目的是要学生了解大学学习和中学学习的不同，掌握大学学习和研究问题的方法，为大学各个专业的学习奠定方法论基础。这种考虑是值得我们借鉴的。从一方面说，国内的预科教育对象，之所以不能直接进入本科而进入了预科，学生学习方法欠佳是一个重要原因。即使说得轻一点，也是原因之一。开设此类课程，对预科生纠正自己不当的学习方法，促进他们更好成才是有帮助的。另一方面，中国高中阶段毕业生数量庞大，而高等教育容纳量有限，以至于很大一部分高中生被阻挡在大学门外。由于这种激烈的竞争制度，导致高中教育很难真正从应试教育角度转变到素质教育角度。即使正式考入本科的学生，在方法论方面也是有所欠缺的。这种状况对培养高素质的创新人才是不利的。如果从这些方面看问题，我们会更加深刻地认识到，西方国家的留学生预科教育，在很多方面是值得我们学习和深入思考的。

第二章
“壬寅学制”中的预科教育及其培养模式

中国现在的预科教育是从历史上逐步演变过来的。“现在”和“历史”永远有着割不断的联系。不了解历史上的预科教育培养模式，就无法真正理解现在的预科教育培养模式创新问题。要创新预科教育的培养模式，首先要知道在历史发展的不同阶段，中国在预科教育中有哪些不同的模式？为什么会采用这种模式而不是别的模式？历史上的培养模式受到哪些因素的制约？只有对这些问题有了清晰的了解和理解，才能进一步讨论现在的培养模式创新问题。

一、“壬寅学制”产生的背景

中国的预科教育产生于清末新学改革。中日甲午战争（1894年）中，中国失败，这对中国是一个极大的刺激。之后，清朝政府逐步推行新学改革，以期造就全新人才，应对国家间竞争。光绪二十八年（1902），《钦定学堂章程》颁布，史称“壬寅学制”。《钦定学堂章程》包括《京师大学堂章程》《考选入学章程》《高等学堂章程》《中学堂章程》《小学堂章程》《蒙学堂章程》六个章程。在这个学制中，首次提出要取消科举，兴办新式学校。

二、“壬寅学制”中的预科教育设想

（一）“壬寅学制”的总体设想

按照《钦定学堂章程》的构想，在“城内坊厢、乡镇、村集均应设立蒙学堂”[①]。“州、县所立学堂为小学堂”[②]。“府治所设学堂为中学堂”[③]。在“省会所设学堂曰高等学堂”，“如小省尚不能立高等学堂者，即姑立一中学，为高等学堂之豫科。”“又如繁富之府、厅、州、县地方及通商大埠，虽非省会，若能创设与高等学堂程度相等之学堂，亦可称为高等学堂。”[④]在京城设立京师大学堂。各省以后也可办大学堂，“大省物力富，人才多，十年之后，其功课程度真足与大学规模一律，即可称大学堂。”[⑤]

根据《钦定学堂章程》规定，蒙学堂学制 4 年；小学堂修业年限 6 年，含寻常小学和高等小学两级，各 3 年。也就是说，初等教育阶段是 10 年。中学堂的学制是 4 年。在中学堂之外，可设中等实业学堂，“于中学堂之外，应多设稍详备之中等农、工、商实业学堂，令高等小学卒业生不愿治普通学者，得入此类学堂学习实业。”“中学堂第三年、第四年得于本科设实业科，以教授欲就实业者，俾卒业后可入一切高等专门实业学堂。”[⑥]中学堂毕业后，可通过考选进入高等学堂学习，高等学堂学制是 3 年。高

---

① 璩鑫圭、唐良炎：《中国近代教育史资料汇编·学制演变》，上海教育出版社 1991 年 3 月第 1 版，第 281 页。

② 璩鑫圭、唐良炎：《中国近代教育史资料汇编·学制演变》，第 270 页。

③ 璩鑫圭、唐良炎：《中国近代教育史资料汇编·学制演变》，第 263 页。

④ 璩鑫圭、唐良炎：《中国近代教育史资料汇编·学制演变》，第 256 页。

⑤ 璩鑫圭、唐良炎：《中国近代教育史资料汇编·学制演变》，第 256 页。

⑥ 璩鑫圭、唐良炎：《中国近代教育史资料汇编·学制演变》，第 263–264 页。

等学堂还不是大学专门分科的专业教育，“高等学堂虽非分科，已有渐入专门之意，应照大学豫科例，亦分政、艺两科。”[①]“高等学堂之功课，与京师大学堂豫备科功课相同，一切办法均照大学堂豫备科一律办理。”[②]高等学堂是介于中学堂和大学专门分科（专业教育）之间的过渡阶段，实际上就是预科教育。按《钦定学堂章程》的构想，当时的高等学堂（预科教育），是正式教育体制的一部分，也就是说，要进入大学专门科学习者，必须先进入高等学堂学习 3 年。“高等学堂之设，使学生于中学卒业后欲入大学分科者，先于高等学堂修业三年，再行送入大学肄业。”[③]在高等学堂之外，还可开设专门实业学堂：“于高等学堂之外，得附设农、工、商、医高等专门实业学堂，俾中学卒业者亦得入之。由于商务盛处，则设商业专门实业学堂；矿产繁处，则设矿务专门实业学堂，皆宜相度地方情形逐渐办理。”[④]高等学堂学生毕业后，可以通过考选进入大学专门分科接受教育。大学专门分科的教育，仿照日本的教育，分为政治、文学、格致、农业、工艺、商务、医术七科，学制或是 3 年，或是 4 年。大学专门科毕业后，可进入大学院继续深造。

《钦定学堂章程》的规定，很多是设想性质的，要真正把各地的学堂办起来，还需要时间和很多物质条件。就拿各省的高等学堂这种预科教育形式来说，到底怎么办，在《钦定学堂章程》中也只有一些原则性的规定，如高等学堂应按照大学豫科（今称预科）的办学形式，分为政、艺两科，功课也与京师大学堂豫备科相同，一切办法均照大学堂豫备科一律办理等。

---

① 璩鑫圭、唐良炎：《中国近代教育史资料汇编·学制演变》，第 256 页。
② 璩鑫圭、唐良炎：《中国近代教育史资料汇编·学制演变》，第 257 页。
③ 璩鑫圭、唐良炎：《中国近代教育史资料汇编·学制演变》，第 256 页。
④ 璩鑫圭、唐良炎：《中国近代教育史资料汇编·学制演变》，第 256 页。

因此，对壬寅学制中的预科教育，我们重点介绍京师大学堂的预科教育。

（二）“壬寅学制”中的预科教育

1. 预科教育在教育体系中的地位

根据《钦定学堂章程》规定，京师大学堂全学名称有三：“一曰大学院，二曰大学专门分科，三曰大学豫备科。其附设名目：曰仕学馆，曰师范馆。”其中，“大学院为学问极则，主研究不主讲授”，所以不立课程；[①]而大学分科、豫备科、仕学馆、师范馆均设有课程。大学专门分科，分为七科：政治科、文学科、格致科、农业科、工艺科、商务科、医术科。[②]豫备科分为政、艺两科。从上述情况看，大学院类似于今天的研究生教育；大学专门分科，实际上就是今天的本科、专科专业教育；“大学豫备科”，也称“大学预备科”，就是今天的预科教育。

按照《钦定学堂章程》的考虑，各省高等学堂的学生毕业后，可以通过考选进入京师大学堂继续学习，“京师大学堂本为各省学堂卒业生升入专门正科之地，无省学则大学堂之学生无所取材”。[③]但在当时，各省的高等学堂还未兴办，京师大学堂的大学专门分科还没有学生，所以准备在大学堂先设立大学豫备科，待预科学生毕业后再进入大学专门分科学习。

2. 京师大学堂豫备科的办学目的与培养目标

《钦定京师大学堂章程》规定，京师大学堂的办学目的与培养目标具体有三点：“激发忠爱，开通智慧，振兴实业。”总的来说，就是期望“造就通才”。这不仅是京师大学堂的办学目的与培养目标，也是“全学之纲领”，

---

① 璩鑫圭、唐良炎：《中国近代教育史资料汇编·学制演变》，第 236 页。

② 璩鑫圭、唐良炎：《中国近代教育史资料汇编·学制演变》，第 236–237 页。

③ 璩鑫圭、唐良炎：《中国近代教育史资料汇编·学制演变》，第 235 页。

即，不仅京师大学堂的豫备科、速成科、仕学馆、师范馆要遵守，而且各省的高等学堂、中学堂、小学堂、蒙学堂也要遵守。①

从蒙学堂、小学堂到大学堂，“以伦常道德为先”。“中国圣经垂训，以伦常道德为先；外国学堂于知育体育之外，尤重德育，中外立教本有相同之理。今无论京外大小学堂，于修身伦理一门视他学科更宜注意，为培植人才之始基。”②

3. 京师大学堂豫备科的招生

在京师地区，由京师大学堂招考；其他各省“由大学堂拟定格式，颁发各省照格考取后，咨送到京复试，方准入学肄业”。③“预备科选取生徒之法，约分两项：一由各省咨送应考，一由大学堂报考。”④由于前来应考的考生难以一时齐集，所以可以分期陆续考试。

年龄在30岁以下的人都可报考。报考预备科的要求甚高，“必须于各学科大概通晓”⑤，方有可能被录取。

考试课程为九门：一、中文论著一篇；二、英文论著一篇，至少须三百字以上，如兼通他国文字者，随时报明；三、翻译二篇，由英译中，由中译英，至少须二百字以上；四、中、外历史十二问；五、舆地及地文、地质十二问；六、算数及代数各六问；七、几何及三角各六问；八、物理及化学、矿学各六问；九、名理及法律各六问。以上九门考课，分两日或三日考完，各项问题，由教习逐条发问，考生随时笔答，但取简明，不须成篇。考试完毕，比较优劣，以得全分者为满格，60分为及格；如有一、

① 璩鑫圭、唐良炎：《中国近代教育史资料汇编·学制演变》，第235、256、263、270、281页。
② 璩鑫圭、唐良炎：《中国近代教育史资料汇编·学制演变》，第235页。
③ 璩鑫圭、唐良炎：《中国近代教育史资料汇编·学制演变》，第245页。
④ 璩鑫圭、唐良炎：《中国近代教育史资料汇编·学制演变》，第252页。
⑤ 璩鑫圭、唐良炎：《中国近代教育史资料汇编·学制演变》，第252页。

二门无分数者，为不及格，不及格者将被淘汰。①

按当时的设想，预备科的招生名额为 200 名。②

4. 京师大学堂豫备科的分科

在顾明远主编的《教育大辞典》中提出，京师大学堂豫备科的“课程分为两类：一是政科，含经、法、文、商等门；二是艺科，含理、工、农、医等门。”③豫备科分为政科和艺科，这种理解是准确的。但说“政科，含经、法、文、商等门”，“艺科，含理、工、农、医等门”，这种理解是不准确的。按照《钦定京师大学堂章程》的规定，京师大学堂大学分科分为七科：政治、文学、格致、农业、工艺、商务、医术。④豫备科学生毕业后，升入大学分科，开始接受专业化的教育。关于这一点，《钦定京师大学堂章程》有明确的规定：“豫备科课程，依原奏分政、艺两科，习政科者卒业后升入政治、文学、商业分科；习艺科者，卒业后升入农业、格致、工艺、医术分科。”⑤依《钦定京师大学堂章程》看，我们只能说：京师大学堂的豫备科分为政科和艺科分别进行教育教学，学习政科者，毕业后升入大学专门科的政治、文学、商务分科；学习艺科者，毕业后升入大学专门科的农业、格致、工艺、医术分科，但不能说预科的政科包含经、法、文、商等门，同样不能说艺科包含理、工、农、医等门。经、法、文、商和理、工、农、医，都属于大学分科教育，不属于豫备科的教育。顾明远主编的《教育大辞典》之所以出现这种理解的偏差，关键在于把“分科”“科目”混为一谈。分科，在壬寅学制中有两种情况，一是指大学分科教育，类似于今天的本科分专

① 璩鑫圭、唐良炎：《中国近代教育史资料汇编·学制演变》，第 252 页。

② 璩鑫圭、唐良炎：《中国近代教育史资料汇编·学制演变》，第 253 页。

③ 顾明远主编：《教育大辞典》（第十卷），上海教育出版社 1991 年，第 128 页。

④ 璩鑫圭、唐良炎：《中国近代教育史资料汇编·学制演变》，第 236–237 页。

⑤ 璩鑫圭、唐良炎：《中国近代教育史资料汇编·学制演变》，第 237 页。

业教育；二是指预科按政科、艺科分别进行教育教学，类似于今天预科教育中的文科和理科。科目，在《钦定京师大学堂章程》是指课程。

5. 京师大学堂豫备科的学制

关于京师大学堂大学豫备科的学制，《钦定学堂章程》的规定有矛盾之处。在《钦定学堂章程》中的《钦定考选入学章程》规定，京师大学堂豫备科的学制为二年：“预备科学生，定为二年卒业。”① 也就是说，学制是二年。但在《钦定学堂章程》中的《钦定京师大学堂章程》中规定的豫备科课程分年表显示，豫备科的政科、艺科课程安排均为三年。② 关于这一点，我们在下面介绍京师大学堂豫备科科目设置和每年的课程安排时再做详细介绍。前文说过，在《钦定学堂章程》中的《钦定高等学堂章程》中规定，高等学堂的修业年限也是三年：“高等学堂之设，使学生于中学卒业后欲入大学分科者，先于高等学堂修业三年，再行送入大学肄业。”③ 也就是说，高等学堂也是预科教育，至少是类似于预科的教育。既然高等学堂的学制是三年，京师大学堂豫备科的课程分年表也规定了三年的课程，因此，我们有理由认为，京师大学堂豫备科的学制很可能是三年，所谓的“预备科学生，定为二年卒业”，很可能是笔误。

6. 京师大学堂豫备科的学习科目（课程）

政科的学习科目（课程）为 13 门：伦理、经学、诸子、辞章、算学、中外史学、中外舆地、外国文、物理、名学、法学、理财学、体操。艺科的学习科目为 10 门：伦理、中外史学、外国文、算学、物理、化学、动

① 璩鑫圭、唐良炎：《中国近代教育史资料汇编·学制演变》，第 252 页。
② 璩鑫圭、唐良炎：《中国近代教育史资料汇编·学制演变》，第 238–239 页。
③ 璩鑫圭、唐良炎：《中国近代教育史资料汇编·学制演变》，第 256 页。

植物学、地质及矿产学、图画、体操。[①]“各省高等学堂课程，照此办理。”[②]

7. 京师大学堂豫备科的课程分年表及课程内容

政科第一年：伦理（考求三代汉唐以来诸贤名理，宋、元、明国朝学案，及外国名人言行，务以周知实践为归）；经学（《书》《诗》《论语》《孝经》《孟子》，自汉以来注家大义）；诸子（儒家、法家、兵家）；辞章（中国词章流别）；算学（代数、级数、对数、三角）；中、外史学（中、外史制度异同）；中、外舆地（欧、美、非洲各境，群岛各境）；外国文（讲读文法、翻译、作文）；物理（声、光、热、力学）；名学（大意）；体操（兵式）。

政科第二年：伦理（同上学年）；经学（《三礼》《尔雅》，自汉以来注家大义）；诸子（杂家、术数家、道家）；辞章（同上学年）；算学（解析几何、三角）；中外史学（中、外史治乱得失）；中、外舆地（地质学大概）；外国文（同上学年）；物理（同上学年）；名学（同上学年）；法学（通论）；理财学（通论）；体操（兵式）。

政科第三年：伦理（同上学年）；经学（《春秋三传》《周易》，自汉以来注家大义）；诸子（考诸子名理派别）；辞章（同上学年）；算学（曲线）；中外史学（中、外史治乱得失，商业史）；中、外舆地（地文学大概）；外国文（同上学年）；物理（实验）；名学（演绎）；法学（同上学年）；理财学（同上学年）；体操（兵式）。

艺科第一年：伦理（同政科）；中、外史学（同政科）；外国文（同政科）；算学（代数、级数、对数、三角）；物理（物性论、力学、声学）；化学（无机化学）；动、植物学（种类与构造）；地质及矿产学（地质之构造与发达、

① 璩鑫圭、唐良炎：《中国近代教育史资料汇编·学制演变》，第 237–238 页。
② 璩鑫圭、唐良炎：《中国近代教育史资料汇编·学制演变》，第 237 页。

矿物之形状）；图画（用器画、射影图法、阴影法、远近法）；体操（兵式）。

艺科第二年：伦理（同政科）；中、外史学（同政科）；外国文（同政科）；算学（解析几何、测量、曲线）；物理（热学、光学、磁气）；化学（无机化学）；动、植物学（种类与构造）；地质及矿产学（地质之构造与发达、矿物之形状）；图画（用器画、阴影图法、阴影法、远近法）；体操（兵式）。

艺科第三年：伦理（同政科）；中、外史学（同上学年，入工农科者授工农科史）；外国文（同政科）；算学（微分、积分）；物理（静电气、动电气）；化学（有机化学）；动、植物学（同上学年）；地质及矿产学（矿物化验）；图画（用器画、阴影法、远近法、器械图）；体操（兵式）。①

8. 京师大学堂豫备科课程一星期时刻表

京师大学堂豫备科课程一星期的课时数为 36 课时。我们不清楚当时豫备科学生一星期上课几天，所以无法对平均每天多少课时进行计算和说明。若按每周上课 6 天计算，那么每天要上课 6 个课时。这种安排是相当紧张的。

豫备科课程一星期时刻表如表 2–1 和表 2–2 所示。

表 2–1 政科课程表

第一年		第二年		第三年	
课程	课时	课程	课时	课程	课时
伦理	1	伦理	1	伦理	1
经学	2	经学	2	经学	2
诸子	1	诸子	1	诸子	1
辞章	2	辞章	2	辞章	2
中、外史学	3	中、外史学	3	中、外史学	3
中、外舆地	3	中、外舆地	3	中、外舆地	3
算学	3	算学	3	算学	3
英文	5	英文	5	英文	5
德文	7	德文	7	德文	7
法文	7	法文	7	法文	7

① 璩鑫圭、唐良炎：《中国近代教育史资料汇编·学制演变》，第 238–239 页。

续表

第一年		第二年		第三年	
俄文	7	俄文	7	俄文	7
日文	5	日文	5	日文	5
物理	4	物理	4	物理	4
名学	2	名学	2	名学	2
法学		法学	2	法学	2
理财学		理财学	2	理财学	2
体操	3	体操	2	体操	2
合计	36	合计	36	合计	36

表 2-2　艺科课程表

第一年		第二年		第三年	
课程	课时	课程	课时	课程	课时
伦理	1	伦理	1	伦理	1
中、外史学	2	中、外史学	2	中、外史学	2
英文	7	英文	6	英文	6
德文	7	德文	7	德文	7
法文	7	法文	7	法文	7
算学	6	算学	5	算学	5
物理	4	物理	2	物理	2
化学		化学	3	化学	3
动、植物学		动、植物学	2	动、植物学	2
地质及矿产学	4	地质及矿产学	3	地质及矿产学	3
图画	3	图画	3	图画	3
体操	2	体操	2	体操	2
合计	36	合计	36	合计	36

将来入政治科者，第二、第三两年除去物理；增课法学一小时；入文学科者，第二、第三两年除去算学；入商务科者，第二、第三两年除去史学名学，增习商业史二小时。凡政科学生，除英文外，他国文任择一门兼习，惟兼习日本文者加习英文二小时。①

将来入医科者增习拉丁文；凡艺科学生，除英文外，德法文任择一门

① 璩鑫圭、唐良炎：《中国近代教育史资料汇编·学制演变》，第 239–240 页。豫备科政科课程一星期时刻表原文无表格，为便于读者阅读，在引用时，作者将原文改成了表格。

习之。[①]

9. 京师大学堂豫备科的教材

豫备科所用教材“均用译出课本书”。[②]但是，当时各项课本尚待编辑，所以《钦定学堂章程》在选用教材方面的设想是，“姑就旧本择要节取教课，俟编译两局课本编成，即改用局本教授。其外省学堂，一律照京师大学堂奏定课本办理，不得自为风气。如果将来外省所编课本，实有精审适用过于京师编译局颁发原书者，经大学堂审定后，由管学大臣随时奏定改用”。[③]高等学堂各项课本，“须遵照京师大学堂编译奏定之本，不得歧异。其有自编课本者，须咨送京师大学堂审定，然后准其通用。京师编译局未经出书之前，准由教习按照此次课程所列门目，择程度相当之书暂时应用，出书之后即行停止”。[④]

10. 京师大学堂豫备科课程成绩的评定与升级

豫备科学制 3 年，分为 6 个学期，“每年以正月二十日开学、至小暑节散学为第一学期；立秋后六日开学、至十二月十五日散学为第二学期。”[⑤]每个学期就是一个学级，所以，6 个学期实际上就是 6 个学级，每个学级都有一个成绩。豫备科学生能否升级，主要由成绩决定。

在《钦定京师大学堂章程》（以下简称《章程》）中，关于成绩评定的规定共有 4 条，即第十四节、第十七节、第十八节和第十九节。这四节的规定全文如下：

---

① 璩鑫圭、唐良炎：《中国近代教育史资料汇编 · 学制演变》，第 240–241 页。豫备科艺科课程一星期时刻表原文无表格，为便于读者阅读，在引用时，作者将原文改成了表格。

② 璩鑫圭、唐良炎：《中国近代教育史资料汇编 · 学制演变》，第 242 页。

③ 璩鑫圭、唐良炎：《中国近代教育史资料汇编 · 学制演变》，第 245 页。

④ 璩鑫圭、唐良炎：《中国近代教育史资料汇编 · 学制演变》，第 257 页。

⑤ 璩鑫圭、唐良炎：《中国近代教育史资料汇编 · 学制演变》，第 250 页。

“第十四节　凡考学生之成绩，由教习将学生平日功课分数，数日一呈总教习，总教习通一月之分数而榜于堂。”①

“第十七节　评定分数以百分为满格，通各科平均计算，每科得六十分者为及格，不及六十分者为不及格。

第十八节　考试分数应与平日分数平均计算，如平日每科合计得八十分，而考试得及九十分者，则此学生之功课应算为八十五分。

第十九节　伦理一门以躬行实践为主，其核计分数法，教习将学生平日一切性情行事随时登记，至一学期末与各科平均计算。”②

在上述规定中，很多问题没有说得很明确。不过，我们还是可以根据上述规定整理出一个理解的思路。根据第十八节的规定，一个学生的成绩由两个部分构成，一个是平日分数，另一个是考试分数，按两部分各占50%的比例，再计算出课程成绩。

根据第十四节的规定，平日成绩由教习（教师）评定，教习每过几天就向总教习呈报一次学生平日成绩，总教习每月将学生平时成绩的平均分张榜公布。一门课程一个学期的平日成绩怎么确定，《章程》并没有明确规定，但我们可以根据每月公布的平日成绩做出如下推论：各月平日成绩的平均分数就是这门课程的平日成绩。之后，再将各科平日成绩求出平均分，就是一个学生该学期的平日分数。学期结束时，再通过考试得出一个学生的考试分数。考试分数是不是各科考试成绩的平均分？这个问题在《章程》中也没有明确说明。不过，根据平日成绩的评定办法，我们也有理由认为，考试分数也是各科考试成绩的平均分数。在平日分数和考试分数确定后，两个成绩相加之和再除以2，得出一个学生的功课成绩。也就是说，

① 璩鑫圭、唐良炎：《中国近代教育史资料汇编·学制演变》，第244页。

② 璩鑫圭、唐良炎：《中国近代教育史资料汇编·学制演变》，第245页。

学生的功课成绩介于 0 ～ 100 分之间，即满分为 100 分。这种理解也可以得到第十七节和第十八节规定的支持。在得出一个学生的功课成绩后，再和该生的伦理课程成绩平均计算，得出一个学生该学期的总成绩。总成绩显然满分只有 100 分。在这里，有两点需要说明，一是“伦理一门以躬行实践为主”，所以只有平日分数而没有考试分数。二是一个学生每学期的成绩，只是一个平均分，不考虑各科的成绩是否平衡，即使有偏科现象甚至有某门课程或某些课程不及格现象，只要平均分能达到 60 分，即可升级。

豫备科学生每个学期的成绩确定后，即可确定其是否升级。平均分达到 60 分即为及格，可以升级，不到 60 分者为不及格，不能升级。“每学过一学期则递升一班。其升班有考试，不及格者不升，随后再试。”[①]至于“随后再试”是补考呢，还是留级呢？该《章程》并没有明确的规定。

11. 关于豫备科毕业生的去向与待遇

豫备科的学生毕业（卒业）后，可升入大学堂专门科学习。在《钦定学堂章程》颁布时，京师大学堂专门科还没有学生，该《章程》设想，“将来由本学堂豫备科卒业生升补”。当然，各省高等学堂卒业生也可以经过考试被选入大学堂的专门科，[②]只不过当时各省的高等学堂还未开设。

根据《钦定学堂章程》的规定，京师大学堂计划招收 500 名学生，其中豫备科 200 名，速成科 300 名。[③]由于招生人数有限，所以给予豫备科、速成科毕业生较高的待遇，“大学堂豫备、速成两科学生卒业后，分别赏给举人、进士”，高等学堂卒业生“送京师大学堂复考如格”后，也候旨赏给举人，并准其一体会试；“大学堂分科卒业生，由本学堂考过后，再

① 璩鑫圭、唐良炎：《中国近代教育史资料汇编・学制演变》，第 244 页。
② 璩鑫圭、唐良炎：《中国近代教育史资料汇编・学制演变》，第 245 页。
③ 璩鑫圭、唐良炎：《中国近代教育史资料汇编・学制演变》，第 246 页。

由管学大臣复考如格，带领引见，候旨赏给进士。其举人、进士均应给予文凭。”①

三、对“壬寅学制”中预科教育的评价

综上所述，我们可以看出，壬寅学制中的预科教育培养模式有如下特色。

第一，注重“伦常道德教育”。首先体现在对伦常道德重要性的理解上，“于修身伦理一门视他学科更宜注意，为培植人才之始基”。其次体现在成绩评定方面。在上文中已经说明，京师大学堂豫备科学生成绩评定办法为：伦理和功课成绩满分各为 100 分，两者相加之平均数，就是一个学生该学期的成绩，达到 60 分者可以升级，达不到 60 分者不得升级。京师大学堂豫备科政科共 13 门科目，其中伦理一门课程占 50%的比重，其他 12 门科目才占 50%的比重；艺科共 10 门课程，伦理也占 50%的比重，其他 9 门科目才占 50%的比重。可见对伦理课程和伦常道德的重视。最后体现在惩治措施方面，“所有学堂人等，自教习、总办、提调、学生诸人，有明倡异说、干犯国宪及与名教纲常显相违背者，查有实据，轻则斥退，重则究办”。② 从这些方面可以看出，壬寅学制中预科教育的目的与培养目标，仍在于培养所谓的“忠爱”，即忠君爱国的“通才”，其封建教育的痕迹仍十分明显。

第二，预科教育的学制长，共 3 年。

第三，预科教育是一种衔接性教育和过渡性教育。预科教育介于高中和大学专业教育之间。中学堂的毕业生，欲入大学分科学习的，必须先在高等学堂修业 3 年，或在京师大学堂的豫备科修业 3 年。也就是说，预科

---

① 璩鑫圭、唐良炎：《中国近代教育史资料汇编·学制演变》，第 246 页。
② 璩鑫圭、唐良炎：《中国近代教育史资料汇编·学制演变》，第 235 页。

教育是大学专业教育的基础。

第四，预科教育是一种学历教育。从壬寅学制的规定看，当时设想的教育体系包括蒙学堂、小学堂、中学堂（含中等实业学堂）、大学豫备科和高等学堂（含高等实业学堂）、大学专门分科、大学院 6 级。预科教育是整个教育体系的正式组成部分，预科教育的毕业生可以获得这个阶段的毕业文凭。

第五，预科教育是一种普通教育。这主要体现在课程设置方面。大学豫备科和高等学堂的学习科目，上面已有详细介绍，此处不再赘述。从豫备科和高等学堂所设置的科目看，主要是各个学科最基础性的知识教育，并非分专业的教育。也就是说，招收预科生的条件和预科生的学习科目，主要是要求知识面的广博，并不要求精深，预科的学习科目，主要是为大学专门分科的学习奠定基础的。

第六，预科教育是一种选拔教育，并非优惠性、照顾性的教育。正像《钦定考选入学章程》所认为的那样，“预备科现定功课程度甚高，考选入学生徒，必须于各学科大概知晓，方能进取肄业，所有考试之法，不嫌过严”。[①] 也就是说，中学堂毕业生中的佼佼者，通过选拔才能进入大学豫备科和高等学堂学习。而今天的少数民族预科教育，在招生时可以适当降低招生分数、给予少数民族考生一定的优惠和照顾。这两种预科教育之间还是存在很大差异的。

第七，壬寅学制中的预科教育是传统封建教育和现代科学教育的结合体。从现代科学教育的角度看，豫备科的学习科目有算学、中外史学、中外舆地、物理、名学、法学、理财学、化学、动植物学、地质及矿产学、

① 璩鑫圭、唐良炎：《中国近代教育史资料汇编·学制演变》，第 252 页。

图画等，这些主要属于现代科学教育的范畴。但是，同时还有伦理、经学、诸子、辞章等传统教育的内容。从对“伦常道德”的重视方面、教育目的和培养目标等方面看，其封建教育的特色是非常明显的。也就是说，壬寅学制的预科教育，是在忠君爱国的封建主义培养目的与目标的基础上，增加了一些现代科学教育的内容而已。

第三章
“癸卯学制”中的预科教育培养模式

在第二章中，我们已经讨论过，壬寅学制颁布后，由于各种问题和各种意见很多，该学制并没有实行。也就是说，壬寅学制实际上只是一种设想。光绪二十九年闰五月（1903 年 6 月），管学大臣张百熙上奏提出：“学堂为当今第一要务，张之洞为当今第一通晓学务之人”，且“湖北所办学堂，颇有成效”，因此希望能让湖广总督张之洞“会同商办京师大学堂事宜”。清廷同意了张百熙的奏请。[①] 经过几个月的研究和讨论，张百熙、荣庆、张之洞等于光绪二十九年十一月（1904 年 1 月）上奏新的学堂章程并得到了批准，这就是著名的《奏定学堂章程》。《奏定学堂章程》颁行于癸卯年，史称“癸卯学制”。“癸卯学制”是真正实施的一个学制，其中的预科教育对后来产生了很大影响。

① 璩鑫圭、唐良炎：《中国近代教育史资料汇编·学制演变》，第 288 页。

一、“癸卯学制”概述

《奏定学堂章程》包括20个章程、2个通则和1个纲要。20个章程为：《奏定初等小学堂章程》《奏定高等小学堂章程》《奏定中学堂章程》《奏定高等学堂章程》《奏定大学堂章程》（附《通儒院章程》）《奏定蒙养院章程及家庭教育法章程》《奏定初级师范学堂章程》《奏定优级师范学堂章程》《奏定任用教员章程》《奏定译学馆章程》《奏定进士馆章程》《奏定初等农工商实业学堂章程》《奏定实业补习普通学堂章程》《奏定艺徒学堂章程》《奏定中等农工商实业学堂章程》《奏定高等农工商实业学堂章程》《奏定实业教员讲习所章程》《奏定各学堂考试章程》《奏定各学堂奖励章程》；2个通则为《奏定实业学堂通则》和《奏定各学堂管理通则》。1个纲要为《奏定学务纲要》。《奏定学堂章程》对学校系统、课程设置、学校管理都做了具体规定，对以后的教育制度影响很大。

二、“癸卯学制”中的预科教育

（一）预科教育在教育体系中的地位

根据《奏定学堂章程》的规定，中国的教育体系分为四级：

第一级为启蒙教育。分为蒙养教育和家庭教育两种情况，教育对象为3～7岁的儿童。

第二级为小学教育。小学教育分为普通教育和实业教育两种形式。普通小学教育包括两个阶段。小学分为初等小学和高等小学两个阶段，学制分别是5年和4年。实业教育的艺徒学堂、实业补习普通学堂和初等农工商实业学堂，也属于小学阶段的教育。凡是未入初等小学而粗知书算的12

岁以上的儿童，可入艺徒学堂学习，目的是把他们培养成“良善之工匠”[①]。艺徒学堂的学制不定，“至多以四年为限”。[②]实业补习普通学堂，招收已经从事或准备从事各种实业的儿童，传授从事实业必须具备的技能，并补习小学普通教育的内容，3年毕业。[③]初等农工商实业学堂又分为初等农业学堂、初等商业学堂和初等商船学堂，招收初等小学毕业生，学制分别是3年、3年和2年。[④]

第三级为中等教育。中等教育又分为普通中学堂和初级师范学堂两种。普通中学堂招收高等小学堂的毕业生，学制5年。普通中学堂“施较深之普通教育”，毕业后或走仕途，或从事实业，或可进入高等学堂深造。[⑤]初级师范学堂主要为初等小学堂和高等小学堂培养教师。初级师范学堂和普通中学堂大致相同，也招收高等小学堂的毕业生，课程设置及难度也大致相当，主要的区别在于初级师范学堂非常重视教育学，不仅开设教育学课程，还很重视习字。而一般中学堂并不开设教育学课程。“惟初级师范学堂着重在教育学，故特增此科，其钟点除经学外为最多，乃中学堂所无。且教幼童亦重习字，故习字列为专科。”[⑥]初级师范学堂学制4年。

第四级为高等教育。高等教育又分为三种情况，第一种是高等学堂和分科大学的预科，学制为3年。这是高等教育的初级阶段。优级师范学堂也大致相当于这个阶段的教育。《钦定学堂章程》中规定的师范馆，在《奏定学堂章程》中被改为优级师范学堂：“师范馆可作为优级师范学堂，照

① 璩鑫圭、唐良炎：《中国近代教育史资料汇编·学制演变》，第450页。
② 璩鑫圭、唐良炎：《中国近代教育史资料汇编·学制演变》，第450页。
③ 璩鑫圭、唐良炎：《中国近代教育史资料汇编·学制演变》，第447页。
④ 璩鑫圭、唐良炎：《中国近代教育史资料汇编·学制演变》，第444–446页。
⑤ 璩鑫圭、唐良炎：《中国近代教育史资料汇编·学制演变》，第317页。
⑥ 璩鑫圭、唐良炎：《中国近代教育史资料汇编·学制演变》，第400页。

优级师范学堂章程办理。”①优级师范学堂的学生，从初级师范学堂和普通中学堂毕业生中选拔；优级师范学堂的毕业生，可担任初级师范学堂和普通中学堂的教师。优级师范学堂分为公共科、分类科和加习科，公共科学制 1 年，其余为 3 年。第二种是分科大学堂，包括八科：经学科大学、政法科大学、文学科大学、医科大学、格致科大学、农科大学、工科大学、商科大学。按不同的分科，学制有所不同，或 3 年，或 4 年，政法科和医科中的医学学制为 4 年，其他各科大学学制均为 3 年。②农、工、商、医大学还可以举办实业教育，“农、工、商、医四大学，尚可酌置实科，以练习实业为主，以中学毕业生入学，三年毕业，其学科程度宜仿高等学堂”。③第三种是通儒院，学制 5 年。也就是说，一个人要完成高等教育，需要 11 ～ 12 年。刘军在其博士学位论文中提出，癸卯学制的“高等教育段（7 年），分高等学堂或大学预科（3 年）、大学堂（3 ～ 4 年）2 级”。④他把通儒院阶段的 5 年完全排除在高等教育之外，这种看法不符合历史事实。

这三种教育形式中，分科大学堂和通儒院，基本上相当于今天的本科分专业教育和研究生教育，而高等学堂和分科大学的预科，和今天的预科教育有相似之处，但又不能完全等同。下面，重点对癸卯学制中的预科教育培养模式做一介绍。

（二）预科教育的设置

按《奏定学堂章程》的规定，预科教育主要分为两种，一是设在各省的高等学堂，二是设在京师大学堂的预科。

---

① 璩鑫圭、唐良炎：《中国近代教育史资料汇编·学制演变》，第 391 页。

② 璩鑫圭、唐良炎：《中国近代教育史资料汇编·学制演变》，第 340 页。

③ 璩鑫圭、唐良炎：《中国近代教育史资料汇编·学制演变》，第 385 页。

④ 刘军：《中国近代大学预科发展研究》，华东师范大学，2012 年 3 月，第 1 页。

关于高等学堂，“各省城设置一所”，普通中学堂毕业生愿意深造的，可进入高等学堂学习，高等学堂的教育教学“以教大学预备科为宗旨”，每天上课6个小时，3年毕业。[①]高等学堂学生毕业后，可报考分科大学。但是，各省高等学堂的创办刚刚提上议程，还没有毕业生，分科大学实际上处于无生源状态，所以《奏定学堂章程》提出，应该采取变通办法，“先立大学豫备科，与外省高等学堂同时兴办；其科目程度一如高等学堂，俟预备科毕业，再按照分科大学办法”。[②]

上面所说的两种预科，都是为大学堂的分科大学输送人才的，按今天的话说，是本科专业教育的预备阶段，即本科预科。这两种预科，都是高等教育的初级阶段。

但是，根据《奏定学堂章程》的规定看，不仅仅有这种层次的预科，实际上还有其他层次的预科。例如，以培养小学堂教师为主要任务的初级师范学堂，也可以开设预科。“各省城初级师范学堂，当初办时，宜于教授完全科外，别教简易科，以应急需”，“初级师范学堂除完全科及简易科外，并应添设预备科及小学师范讲习所。预备科以教欲入师范学堂而普通学力未足者，使补习之；小学师范讲习科以教由传习所毕业，已出为小学堂教员，复愿入初级师范学堂学习，以求其补足其学力者，及向充蒙馆塾师，而并未学过普通科，亦未至传习所听受过教育法者”。[③]这里所说的“预备科及小学师范讲习所”都具有预科性质。

但是，初级师范学堂的预备科补习什么内容，《奏定初级师范学堂章程》说得不是很明确。不过，根据“普通学力未足者，使补习之”这句话，我

① 璩鑫圭、唐良炎：《中国近代教育史资料汇编·学制演变》，第328页。

② 璩鑫圭、唐良炎：《中国近代教育史资料汇编·学制演变》，第390页。

③ 璩鑫圭、唐良炎：《中国近代教育史资料汇编·学制演变》，第399页。

们可以推断主要是补习高等小学普通科知识。而小学师范讲习所的教学对象和补习内容，是比较清楚的。有些人已经在传习所毕业的人，已经学过教育法并当了小学教师，但普通知识有所欠缺，想入初级师范学堂深造的，对他们主要是补习高等小学知识。对那些已经担任蒙馆塾师但未学过普通科的人，不仅要在学力方面补习，还要补习教育法。

如上所述，初级师范学堂相当于中学堂，那么初级师范学堂的预备科就是中学的预备阶段，即中学预科。

不仅中学可以办预科，高等学堂也可以办预科。在高等学堂创办初期，还没有达到这种要求的合格生源，因此可以变通，凡是品行端正、在中国文学经史方面有根基者，先补习一年，补习课程有历史、地理、算学、格致、图画、东语、英语等普通课程，然后升入高等学堂正科学习。[①]可以看出，在高等学堂内也可设立预科。这是附属于大学预科的预科。

后面所说的这两种预科，由于不属于本科预科，所以不作为我们讨论的重点。

（三）高等学堂的招生

中学堂毕业生可以通过考试选拔进入高等学堂。若没有中学堂毕业证但实力达到中学堂毕业要求的，经过考试后，也可以进入高等学堂学习。“高等学堂，应考选中学堂毕业生升入肄业；其有未得过中学堂毕业凭照而其学力实合中学堂程度者，如考验合格，亦准入学。”[②]“设高等学堂，令普通中学堂毕业愿求深造者入焉；以教大学预备科为宗旨，以各学各有专长为成效。”[③]

① 璩鑫圭、唐良炎：《中国近代教育史资料汇编·学制演变》，第 337 页。
② 璩鑫圭、唐良炎：《中国近代教育史资料汇编·学制演变》，第 337 页。
③ 璩鑫圭、唐良炎：《中国近代教育史资料汇编·学制演变》，第 328 页。

（四）预科教育的办学宗旨

在光绪二十九年十一月（1904 年 1 月）张百熙、荣庆、张之洞上报的《重订学堂章程折》中，他们提出：“至于立学宗旨，无论何种学堂，均以忠孝为本，以中国经史之学为基，俾学生心术壹归于纯正，而后以西学瀹其智识，练其艺能，务期他日成材，各适实用，以仰副国家造就通才、慎防流弊之意。”① 这种观念，和张之洞的“中学为体、西学为用”的观念如出一辙。“无论何种学堂”都要遵循这种办学宗旨，属于预科教育的高等学堂和京师大学堂的预科当然不能例外。

其实，《重订学堂章程折》中对教育宗旨的描述并不是非常清晰，虽然提出了“以忠孝为本，以中国经史之学为基”的宗旨，但从总体上看，仍像是一个办学思路而不像是对教育宗旨的表述。正因如此，才有了后来的学部《奏陈教育宗旨折》。光绪三十二年三月（1906 年 3 月），刚刚成立不久的学部上报了《奏陈教育宗旨折》。该奏折提出：“学部初立，请将教育宗旨明降谕旨，宣示天下，以一风气，而定人心。”又提出了五条教育宗旨：忠君、尊孔、尚公、尚武、尚实。“中国政教之所固有，而亟宜发明以距异说者有二：曰忠君，曰尊孔。中国民质之最缺、而亟宜箴砭以图振起者有三：曰尚公，曰尚武，曰尚实。”② 学部的奏请很快得到了批准。上谕说：“学部奏请将教育宗旨宣示天下一折……所陈忠君、尊孔与尚公、尚武、尚实五端，尚为扼要……所有京师及各省学堂师长生徒，尤宜正本清源，辨明义利，不视为功名利禄之路，而以为修齐治平之规，于国家劝学育才之意方为无负。”③

---

① 璩鑫圭、唐良炎：《中国近代教育史资料汇编·学制演变》，第 289 页。

② 璩鑫圭、唐良炎：《中国近代教育史资料汇编·学制演变》，第 534、535 页。

③ 璩鑫圭、唐良炎：《中国近代教育史资料汇编·学制演变》，第 539 页。

进入民国后，教育宗旨中的忠君与尊孔，受到了学界的批判。1912 年 4 月，民国首任教育总长蔡元培在《对于教育方针之意见》中说："满清时代，有所谓钦定教育宗旨者，曰忠君，曰尊孔，曰尚公，曰尚武，曰尚实。忠君与共和政体不合，尊孔与信教自由相违。"①蔡元培的观点，代表了民国初年政界、学界对这个问题的认识。

应该说，从《重订学堂章程折》到《奏陈教育宗旨折》，清政府的办学宗旨越来越明晰。但是，这种明晰仅仅是形式上的，就其本质来说，所坚持的仍然是封建主义的老路。如上所述，《重订学堂章程折》提出的教育宗旨，其实就是"中学为体，西学为用"的另外一种表述。而《奏陈教育宗旨折》提出的忠君、尊孔，是中国政教所固有的东西，应该发扬光大"以距异说"，实质上仍是强调只能在"用"的层次上学习西方，而在"体"的层面上必须坚持中国政教所固有的忠君与尊孔。显然，《奏陈教育宗旨折》所表述的教育宗旨，与《重订学堂章程折》相比，没有实质变化，正所谓新瓶装旧醋、换汤不换药。也就是说，癸卯学制仍在于培养维护封建伦理纲常的人才。

（五）高等学堂的分科

"高等学堂学科分为三类：第一类学科为豫备入经学科、政法科、文学科、商科等大学者治之；第二类学科为豫备入格致科大学、工科大学、农科大学者治之；第三类为豫备入医科大学者治之。"②如上所述，大学豫备科与外省高等学堂同时兴办，其科目程度一如高等学堂，所以，大学预备科的分科也是三类。

---

① 《蔡元培选集》，中华书局，1959 年版。

② 璩鑫圭、唐良炎：《中国近代教育史资料汇编·学制演变》，第 329 页。

（六）高等学堂的课程

准备将来进入经学科大学、政法科大学、文学科大学、商科大学的高等学堂学生，要学习10门课程：人伦道德、经学大义、中国文学、外国语、历史、地理、辨学、法学、理财学、体操。在外国语课程中，英语是必修课，德语或法语任修一门。

准备将来进入格致科大学、工科大学、农科大学的高等学堂学生，要学习11门课程：人伦道德、经学大义、中国文学、外国语、算学、物理、化学、地质、矿物、图画、体操。在外国语课程中，英语是必修课，德语或法语任修一门。

准备将来进入医科大学的高等学堂学生，要学习11门课程：人伦道德、经学大义、中国文学、外国语、拉丁语、算学、物理、化学、动物、植物、体操。在外国语课程中，德语是必修课，英语或法语任修一门。①

在上述课程中，尤其值得一说的是“人伦道德”课程。《奏定学堂章程》认为，外国学校也设有伦理课程，课程名称叫伦理学，其宗旨也是勉人为善，但对伦理的解说和中国不尽相同。高等学堂的人伦道德课程，主要讲授“理学诸儒之言论行实”：“查列朝学案等书，乃理学诸儒之言论行实，皆是宗法孔孟，纯粹谨严，讲人伦道德者自以此书为最善。”理学诸儒之言论行实，有很多是比较深奥的，直接拿来给学生讲授，显然并不合适，张百熙、荣庆、张之洞等的建议是选择一些“切于身心日用，而其说理又明显简要、中正平和者”介绍给学生，同时也讲诸儒是怎么躬行实践这些人伦道德的，以此作为学生的楷模。深奥的内容，可以在进入大学的理学门后再学习和研究。而对于议论过高、对古人动加訾议，

① 璩鑫圭、唐良炎：《中国近代教育史资料汇编·学制演变》，第329页。

以及“各分门户互相攻驳者，可置之不讲。”[①] 从此可以看出，这是典型的封建主义教育，其目的并不是培养学生独立思考能力，相反，主要是培养学生模仿和顺从。

（七）高等学堂分年级的课程教学内容及时间安排

第一类学科不同年级的教学内容（程度要求）和每星期钟点安排如下：

第一年

学 科	程 度	每星期钟点
人伦道德	摘讲宋、元、明、国朝诸儒学案，择其切于身心日用而明显简要者	1
经学大义	讲《钦定诗义折中》《书经传说汇纂》《周易折中》	2
中国文学	练习各体文字	5
兵学	外国军制学	1
体操	普通体操、兵式体操	3
以上通习		
英语	讲读、文法、翻译、作文	9
德语或法语	讲读、文法、翻译、作文	9
历史	中国史	3
地理	政治地理	3
合计		36

第二年

学 科	程 度	每星期钟点
人伦道德	同前学年	1
经学大义	讲《钦定周礼义疏》《仪礼义疏》《礼记义疏》	2
中国文学	同前学年，兼考究历代文章流派	4
兵学	各国战史大要	3
体操	普通体操、兵式体操	3
以上通习		
英语	讲读、文法、翻译、作文	8
德语或法语	讲读、文法、翻译、作文	8
历史	西洋各国史	3
法学	法学通论	2
理财学	理财学通论	2
合计		36

① 璩鑫圭、唐良炎：《中国近代教育史资料汇编·学制演变》，第336–337页。

第三年

学科	程度	每星期钟点
人伦道德	同前学年	1
经学大义	讲《钦定周礼义疏》《仪礼义疏》《礼记义疏》	2
中国文学	同前学年，兼考究历代文章流派	4
兵学	各国战史大要	3
体操	普通体操、兵式体操	3
以上通习		
英语	讲读、文法、翻译、作文	8
德语或法语	讲读、文法、翻译、作文	8
历史	西洋各国史	3
法学	法学通论	2
理财学	理财学通论	2
合计		36

资料来源：根据璩鑫圭、唐良炎：《中国近代教育史资料汇编·学制演变》，上海教育出版社，1991 年 3 月第 1 版，第 330–331 页资料整理。原文无表格，在整理时引者添加了表格。另外，希望进入经学门学习的，把《心理及辨学》课程改为《算学》，每周仍是 2 个钟点（课时）；第三学年把《中国文学》课程改为《物理》，每周仍是 4 个钟点（课时）。以英语入学，而有志于学习政法科大学法律门的德国法、法国法的，文科大学的德国文学门、法国文学门者，外国语的授课年度及课时也有变动，每年的《英语》授课时数从原定的 9、9、8 课时缩减为每年 4 课时，而《德语》或《法语》的授课时数从原来的 9、9、8 课时增至 14、14、12 课时。有志于入政法科大学的，可加选修课《拉丁语》，在第三年开设，每星期 2 课时。

第二类学科不同年级的教学内容（程度要求）和每星期钟点安排如下：

第一年

学科	程度	每星期钟点
人伦道德	摘讲宋、元、明、国朝诸儒学案	1
经学大义	讲《钦定诗义折中》《书经传说汇纂》《周易折中》	2
中国文学	练习各体文字	3
兵学	外国军制学	2
体操	普通体操、兵式体操	3
以上通习		
英语	讲读、文法、翻译、作文	8
德语或法语	讲读、文法、翻译、作文	8
算学	代数、解析几何	5
图画	用器画、射影图画	4
合计		36

第二年

学 科	程 度	每星期钟点
人伦道德	同前学年	1
经学大义	讲《钦定春秋传说汇纂》	2
中国文学	同前学年	2
兵学	战术学大意	1
体操	普通体操、兵式体操	3
以上通习		
英语	讲读、文法、翻译、作文	7
德语或法语	讲读、文法、翻译、作文	7
算学	解析几何、三角	4
物理	力学、物性学、声学、热学	3
化学	化学总论、无机化学	3
图画	用器画、射影图法、阴影法、远近法	3
合计		36

第三年

学 科	程 度	每星期钟点
人伦道德	同前学年	1
经学大义	讲《钦定周礼义疏》《仪礼义疏》《礼记义疏》	2
中国文学	同前学年，兼考究历代文章名家流派	3
兵学	各国战史大要	2
体操	普通体操、兵式体操	2
以上通习		
英语	讲读、文法、翻译、作文	4
德语或法语	讲读、文法、翻译、作文	4
算学	微积分学	6
物理	光学、电气学、磁气学	3
化学	有机化学	5
地质及矿物	地质学大意、矿物种类形状及化验	2
图画	用器画、阴影法、远近法、机器图	2
合计		36

资料来源：根据璩鑫圭、唐良炎：《中国近代教育史资料汇编·学制演变》，上海教育出版社，1991 年 3 月第 1 版，第 332–333 页资料整理。原文无表格，在整理时引者添加了表格。另外，希望进入格致科大学动物学门、植物学门、地质学门、农科大学之农学门、农艺化学门、兽医学门的，可不学《算学》。有志于入工科大学之土木工学门、机器工学门、造船学门、建筑学门、格致科大学之算学门、物理学门、星学门的，可不修《化学》的实验课。有志于入格致科大学各学门、农科大学各学门的，可不修习《图画》课程。有志于入农科大学林学门的，可不学《英语》。有志于入格

致科大学动物学门、植物学门、地质学门，农科大学各学门的，在第三年中加《动植物之种类及构造》，每星期4课时。有志于入工科大学土木工学门、机器工学门、电气工学门、采矿及冶金学门、造船学门、建筑学门，格致科大学算学门、物理学门、星学门，农科大学农学门、农艺化学门、林学门的，在第三年增加《测量》课程，主要讲授平地测量、高低测量和制图，每星期3课时。有志于入绘制科大学动物学门、植物学门、地质学门，农科大学兽医学门的，可在第三年增加选修课《拉丁文》，每星期2课时。

第三类学科不同年级的教学内容（程度要求）和每星期钟点安排如下：

第一年

学 科	程 度	每星期钟点
人伦道德	摘讲宋、元、明、国朝诸儒学案	1
经学大义	讲《钦定诗义折中》《书经传说汇纂》《周易折中》	2
中国文学	练习各体文字	4
兵学	外国军制学	2
体操	普通体操、兵式体操	3
以上通习		
德语	讲读、文法、翻译、作文	13
英语或法语	讲读、文法、翻译、作文	3
算学	代数、解析几何	4
动物及植物	动物学、实验	4
合计		36

第二年

学 科	程 度	每星期钟点
人伦道德	同前学年	1
经学大义	讲《钦定春秋传说汇纂》	2
中国文学	同前学年	2
兵学	战术学大意	1
体操	普通体操、兵式体操	3
以上通习		
德语	讲读、文法、翻译、作文	13
英语或法语	讲读、文法、翻译、作文	3
算学	解析几何、微积分	2
物理	力学、物性学、声学、热学	3
化学	化学总论、无机化学	3
动物及植物	植物学、实验	3
合计		36

第三年

学科	程度	每星期钟点
人伦道德	同前学年	1
经学大义	讲《钦定周礼义疏》，《仪礼义疏》，《礼记义疏》	2
中国文学	同前学年，兼考究历代文章名家流派	2
兵学	各国战史大要	2
体操	普通体操、兵式体操	3
以上通习		
德语	讲读、文法、翻译、作文	9
英语或法语	讲读、文法、翻译、作文	3
拉丁语		2
物理	光学、电气学、磁气学	6
化学	有机化学	6
合计		36

资料来源：根据璩鑫圭、唐良炎：《中国近代教育史资料汇编·学制演变》，上海教育出版社，1991 年 3 月第 1 版，第 334–336 页资料整理。原文无表格，在整理时引者添加了表格。另外，《德语》课程三年开课课时分别是 13、13、9 课时，若学生入学时已会德语，则三年的《德语》课程课时分别缩减至 9、9、7 课时，而《英语》或《法语》课程则增加到 7、7、5 课时。

三、“癸卯学制”预科教育特色与评价

综上所述，我们可以看出癸卯学制中的预科教育培养模式有如下特色。

第一，以“造就通才”① 为培养目标。但这种“通才”，必须是维护封建君主专制的通才。

第二，注重“人伦道德”教育。这里所说的“人伦道德”，主要是中国传统的伦理道德，其最主要的部分是宋明理学以来的伦理道德，即所谓“理学诸儒之言论行实”，不仅要以理学诸儒的观点来解释人伦道德，更要以他们的行为作为楷模，这实际上仍是封建教育的模式。

第三，癸卯学制的教育，是教条主义的教育。上文已经讨论过，高等学堂在人伦道德教育教学中，各学派的互相攻驳，则置之不讲，这是一个

① 璩鑫圭、唐良炎：《中国近代教育史资料汇编·学制演变》，第 288 页。

例子。此外，还有例证。在高等学堂的《经学大义》课程中，只准使用钦定的八经为标准，“此堂所讲诸经大义，应即用钦定八经讲授……断不可好新务奇，致启驳杂支离之弊”。[①] 这种教育，显然是教条主义的教育，是不利于培养学生创新思维和创新能力的。

第四，癸卯学制的教育，是一种“中学为体、西学为用”的教育。癸卯学制中各种形式的教育，大致分为三种：普通教育、师范教育和实业教育。预科教育属于普通教育。从预科教育的课程设置来看，主要是中国传统的人伦道德、经学大义、文学、历史加上来自西方的兵学、体操、法学、理财学、物理、化学、地质及矿物、图画等实用课程，而外国语是中学和西学的中介。

第五，重视外语。高等学堂第一类学科第一年英语每星期 9 课时，德语或法语 9 课时，第二年和第一年相同。这两年外语课程的课时量占每星期课时总量的 50%。第三年有所减少，但仍分别有 8 课时，占每星期课时总量的 44%。第二类学科第一、二、三年的英语课时分别是 8、7、4 课时，德语或法语分别是 8、7、4 课时，其中第一年外语课时量最高，共 16 课时，占每星期课时总量的 44%，第三年外语课共 8 课时，占每星期课时总量的 22%。第三类学科三年中的德语课时分别是 13、13、9 课时，英语或法语分别是 3、3、3 课时，前两年外语课时都是 16 课时，占每星期课时总量的 44%，第三年占每星期课时总量的 33%。综合这三类学科看，外语课时占总课时的比重，最高的可达到 50%，最低的也有 22%。可见，癸卯学制中的预科教育，对外语是非常重视的。至于为什么这么重视，在《奏定高等学堂章程》并未言明，但在同为普通教育的《奏定中学堂章程》中

① 璩鑫圭、唐良炎：《中国近代教育史资料汇编·学制演变》，第 337 页。

却说得很明白："中学堂程度与初级师范入学学生学力相等，故学科程度亦大略相同。惟中学堂着重在外国语，其钟点除经学外，此为最多，以为将来应世办事之资，兼讲法制、理财，皆初级师范所无。初级师范重在教幼童，故以习字列为专科。中学则以习字统于中国文学内，已足应用。"① 初级师范毕业生将担任小学堂教员，重在习字，重在基础知识，重在了解教育法；而中学堂为高等学堂培养人才，其中一部分人还会通过高等学堂而进入大学堂深造，重视外语课程，其目的是"以为将来应世办事之资"，即培养经世致用的人才。若按照"中学为体、西学为用"的思路去理解，重视外语课程就是重视西学的"用"，因为只有学好外语，才能掌握西学的实用技术。

第六，预科教育的学制长，共 3 年。

第七，预科教育是一种衔接性教育和过渡性教育。高等学堂和大学堂预科，都是预科教育，介于高中和大学专业教育之间，在这一点上《奏定学堂章程》和《钦定学堂章程》没有区别。也就是说，预科教育是大学专业教育的基础。

第八，预科教育是一种学历教育。从癸卯学制的规定看，整个教育体系包括蒙学堂及家庭教育、小学教育、中等教育、大学预科教育、大学分专业教育和类似于今天研究生教育的通儒院。其中，高等学堂和大学预科，是大学分专业教育的豫备阶段，是整个教育体系的正式组成部分，预科教育的毕业生可以获得这个阶段的毕业文凭。

第九，预科教育是一种普通教育。从癸卯学制的规定看，整个教育体系分为三个板块，即普通教育、实业教育和师范教育。作为大学分专业教

① 璩鑫圭、唐良炎：《中国近代教育史资料汇编·学制演变》，第 318–319 页。

育的预备阶段的预科教育（高等学堂和大学预科），不属于实业教育，也不属于师范教育，而属于普通教育序列，招收中学毕业生及同等学力者，毕业后可报考各科大学接受专业教育。其所学课程，主要是普通课程，预科的主要任务是为各科大学培养合格新生。

第十，和《钦定学堂章程》的设想一样，《奏定学堂章程》规定的预科教育，也是一种选拔教育，并非优惠性、照顾性的教育。各分科大学的新生，从高等学堂和大学预科毕业生中选拔，“入学人数若逾于各分科大学豫定之额数时，则需统加考试，择尤取入大学”。[①]“择尤取入大学”，就是择优取入大学。而在今天的民族预科教育中，也是通过高考选拔，只不过高考中最优的学生可以直接进入本科学习，而程度稍差的，可以享受民族政策的优惠，适当降低招生标准，进入预科学习，预科学习一年后经测验合格的，可再升入本科学习。可见，今天的民族预科教育是有政策优惠和照顾的，这和癸卯学制中的预科是不同的。

《奏定学堂章程》实施以后，中国预科教育迎来了第一个发展高峰。在普通教育序列，各地的高等学堂渐次开设，京师大学堂也举办了大学预科。在实业教育和师范教育序列，也开始举办预科教育。同时，作为预科教育的新形式，民族预科教育和留学预科也开始举办。

① 璩鑫圭、唐良炎：《中国近代教育史资料汇编·学制演变》，第385页。

第四章
民国时期的预科教育及其培养模式

一、民国壬子癸丑学制（1912—1913 年）产生的背景

癸卯学制颁行后，虽然中国的预科教育迎来了第一个发展高峰，但是，该学制在预科教育方面也存在很多问题。就当时人们讨论的情况看，主要问题有两个。一个是学制过长与教学内容重复的问题。陆费逵认为："欧美各国，自学龄始期至大学卒业，大率十四年至十六年。日本最长，亦不过十七八年。清廷旧制，乃至二十年以外。夫以吾人身体之弱，与今日需才之急，安能过于优游？非缩短之，断无人才大兴之望。然如各种科学，诚非二十年不可，则亦已矣。而征之实际，则高小末二年与中学初二年复，中学后段又与高等复，何必强令学子虚耗宝贵之光阴，迁就重复之学制哉？"[①] 在这里，陆费逵提到了中学后段与高等学堂教学内容的重复问题。第二个问题是高等学堂名不副实的问题。蒋维乔认为："旧时之高等学堂，久为谈教育者訾议，以

① 陆费逵：《民国普通学制议》，《教育杂志》第 3 年第 10 期（1912 年 1 月）。

其课程专为大学之预备，与各类专门学校不同。（专门学校各有目的，不与大学相衔接。）今不名大学预科，而名高等学堂，使并无大学志愿者，贸焉入学，及其毕业，舍入大学末由，是不若正名为大学预科之为愈。”[①]蒋维乔，既是一位学者，又有政府官员的身份。民国元年中华民国临时政府在南京成立时，蔡元培被任命为教育总长。当时蔡元培还在上海，蔡氏特邀同在上海的蒋维乔同赴南京襄理教育部事务，也就是说，当时蒋维乔的官方身份相当于教育部秘书长。蒋维乔的这种看法，很有代表性。

1912 年，为适应共和政体的需要，必须尽快制定新的学制。当时，教育部公开征求海内教育家意见，并参考他国的规定，三易其稿，提出了《教育部拟议学校系统草案》，向社会公布，进一步征求意见，并为临时教育会议做准备。七月初十日到八月初十日，临时教育会议在北京召开，对新的学校系统草案逐项审议。九月初二日和初三日，教育部颁布了《教育部公布教育宗旨令》和《教育部公布学校系统令》。后来，又陆续颁布了《教育部公布小学校令》（1912 年 9 月 28 日）、《教育部公布中学校令》（1912 年 9 月 28 日）、《教育部公布师范教育令》（1912 年 9 月 29 日）、《教育部公布专门学校令》（1912 年 10 月 22 日）、《教育部公布大学令》（1912 年 10 月 24 日）、《教育部暂准法政专门学校设立别科令》（1912 年 10 月 25 日）、《教育部公布公立私立专门学校规程》（1912 年 11 月 14 日）、《教育部公布中学校令施行规程》（1912 年 12 月 2 日）、《教育部公布师范学校规程》（1912 年 12 月 10 日）、《教育部公布大学规程》（1913 年 1 月 12 日）、《教育部公布私立大学规程》（1913 年 1 月 16 日）、《教育部公布高等师范学校规程》（1913 年 2 月 24 日）、《教育部公布实业学校令》

---

① 蒋维乔：《民国教育部初设时之状况》，《教育杂志》第 3 年第 12 期（1912 年 3 月）。

（1913 年 8 月 4 日）、《教育部公布实业学校规程》（1913 年 8 月 4 日）等文件。1912 年、1913 年是农历的壬子、癸丑年，所以这个学制也被称为壬子癸丑学制。

二、壬子癸丑学制中的预科教育

下面，重点介绍一下壬子癸丑学制中的大学预科教育。

（一）预科教育在学校系统中的地位

根据《教育部公布学校系统令》，当时的学校系统为：初等小学校，学制四年；高等小学校，学制三年；中学校，学制四年；大学预科三年，大学本科三年或四年。在普通教育之外，还有师范教育。《教育部公布学校系统令》规定在大学阶段应设预科："大学本科三年或四年毕业，预科三年。""专门学校本科三年或四年毕业，预科一年。"[①] 在《教育部公布专门学校令》中提出，专门学校，是指法政专门学校、医学专门学校、药学专门学校、农业专门学校、工业专门学校、商业专门学校、美术专门学校、音乐专门学校、商船专门学校、外国语专门学校等。"专门学校得设预科及研究科。"[②] 以培养中学校教师为主要任务的高等师范学校，"分预科、本科、研究科。"[③]

在《教育部公布大学令》中，关于大学预科的规定有五条：

"第四条　大学设预科，其学生入学资格须在中学校毕业，或经试验有同等学力者。

第五条　大学各科学生入学资格，须在预科毕业或经试验有同等学力者。

---

① 璩鑫圭、唐良炎：《中国近代教育史资料汇编·学制演变》，第 651–652 页。

② 璩鑫圭、唐良炎：《中国近代教育史资料汇编·学制演变》，第 662 页。

③ 璩鑫圭、唐良炎：《中国近代教育史资料汇编·学制演变》，第 714 页。

第八条　大学各科之修业年限三年或四年，预科三年，大学院不设年限。

第九条　大学预科生修业期满，试验及格，授以毕业证书，升入本科。

第二十条 大学预科须附设于大学，不得独立。”①

其中，“大学预科须附设于大学，不得独立”的规定，实际上就是取消了清末癸卯学制中各地的高学堂独立的预科教育办学地位。“大学设预科，其学生入学资格须在中学校毕业，或经试验有同等学力者。”也就是说，只有中学毕业生或具有同等学力的人才能进入预科学习。“大学各科学生入学资格，须在预科毕业或经试验有同等学力者”这条规定，就是说，要进入大学各科学习，必须先经过预科阶段，或经检验达到了预科同等学力。可见，大学预科教育仍是整个教育系统的正式组成部分，大学预科教育介于中学教育与大学教育之间。

（二）预科教育的宗旨

《教育部公布教育宗旨令》提出的教育宗旨为：“注重道德教育，以实利教育、军国民教育辅之，更以美感教育完成其道德。”② 这里所说的教育宗旨，是对所有教育形式提出的，预科教育也应当遵循。

（三）大学预科的招生

《教育部公布大学规程》规定，大学的“预科学生入学之资格，须在中学校毕业，或经试验有同等学力者。中学校毕业生如超过定额时，应行竞争试验”。③ 也就是说，只有中学校毕业生或具有同等学力的人才能进入大学预科学习。若报名的人数超过了预科招生人数，则要进行“竞争试

① 璩鑫圭、唐良炎：《中国近代教育史资料汇编·学制演变》，第663–664页。

② 璩鑫圭、唐良炎：《中国近代教育史资料汇编·学制演变》，第651页。

③ 璩鑫圭、唐良炎：《中国近代教育史资料汇编·学制演变》，第710页。

验”，即经过考核选拔，才能进入预科学习。从这里可以看出，只有中学校毕业生中的佼佼者才能进入预科。

（四）大学预科的分类

预科分为三部：第一部、第二部、第三部。将来想进入大学文科、法科、商科学习的，进入预科第一部学习。拟进入大学理科、工科、农科及医科药学门学习的，进入预科第二部学习。将来想进入大学医科的医学门学习的，进入预科第三部学习。①

（五）大学预科的课程

三部的课程设置是不一样的。

第一部的科目为：外国语、国文、历史、伦理、心理、法学通论。

志愿入大学文科者，再增加一门课程：经济通论。

志愿入大学文科哲学专业的，课程调整为：外国语、国文、历史、数学、物理、法学通论。

关于外国语，以中学所学外国语为第一外国语，进入预科后仍应继续学习第一外国语。此外，还要在英语、德语、法语中再选习一门，作为第二外国语。志愿入大学法科者，还可以选学拉丁语。

第二部的科目为：外国语、国文、数学、物理、化学、地质学、矿物学、图画。

志愿入农科及医科的药学门、理科的动物学门、植物学门、地质学门者，还要增加动物学及植物学。

志愿入工科的土木学门、机械学门、电气工学门、采矿学门、冶金学门、造船学门、建筑学门、理科的数学门、物理学门、星学门、农科的农学门、

① 璩鑫圭、唐良炎：《中国近代教育史资料汇编·学制演变》，第710页。

农艺化学门、林学门者，增加测量学课程。

预科第二部的外国语课程，与第一部的相同。但志愿入农科的林学门、工科的电气工学门、应用化学门、造兵学门、采矿学门、冶金学门及医科的药学门者，应习德语。志愿入医科的药学门，理科的动物学门、植物学门、地质学门、矿物学门，以及农科的兽医学门者，加拉丁语为随意科。

第三部的科目为：外国语、国文、拉丁语、数学、物理、化学、动物学及植物学。外国语之选习与第一部相同，但应以德语为主。①

招收中学毕业生或具有同等学力者的高等师范学校，其豫科的课程为：伦理学、国文、英语、数学、论理学、图画、乐歌、体操。②

从上述情况可以看出，民国初年学制改革时，具有预科教育属性的高等学堂，其独立的办学地位被取消，改为直接在大学中设立预科。这种预科学制较长，共 3 年。这种预科是直接为大学各专业输送人才的，要进入大学各专业学习，必须得经过预科阶段，也就是说，大学预科是整个教育体系的正式组成部分，是学历教育的一个阶段。其课程设置，仍以普通课程为主，预科教育并非专业化的教育。

三、袁世凯执政时期的预科教育

袁世凯执政期间（1912 年 3 月 10 日—1916 年 6 月 6 日），虽然没有对大学预科教育做出调整，但在教育思想方面，大力推行封建复古教育，这种教育思想和教育宗旨，对大学预科教育也产生了一些影响。

袁世凯在《祭孔告令》（1914 年 12 月）中提出："中国数千年来，立国根本在于道德。凡国家政治，家庭伦纪，社会风俗，无一非先圣学说

① 璩鑫圭、唐良炎：《中国近代教育史资料汇编・学制演变》，第 710–711 页。
② 璩鑫圭、唐良炎：《中国近代教育史资料汇编・学制演变》，第 714 页。

发皇流衍。是以国有治乱，运有隆污，惟此孔子之道亘古常新，与天无极。”他还提出，“政体虽取革新，而礼俗要当保守”。[①]

在《特定教育纲要》（1915年1月）中，袁世凯提出，“教育部前颁教育宗旨，注重道德、实利、军国民、美感各教育，惟未标明实用主义，”而现时教育的最大缺点有四个：“一不重道德，二不重实利，三无尚武精神，四不切实用。”所以他主张“以道德教育为经，以实利教育、尚武教育为纬；以道德、实利、尚武教育为体，以实用主义为用。”[②]在此基础上，他提出“各学校均应崇奉古圣贤以为师法，宜尊孔以端其基，尚孟以致其用”。[③]在此思想指导下，中小学校均恢复了清末的“读经”课程。在清末的学制中，大学有经学科。民国初年的学制中，经学科已被取消，相关课程和研究已经被并入大学文科之中。而在袁世凯时期，又在大学之外单独建设经学院，“经学院必须独立建设，专以阐明经义发扬国学为主，按照各经种类，分立科门。”[④]

在《颁定教育宗旨》（1915年1月）中，又对民国初年教育部提出的教育宗旨做了重大修改，提出了爱国、尚武、崇实、法孔孟、重自治、戒贪争、戒躁进七点新的教育宗旨。袁世凯对这七点宗旨分别做了说明，似乎言之有理，但实际上，他要培养的是服从于他的权威的“中和之人”。关于这一点，《教育部整理教育方案草案》（1914年12月）说得很明白。该草案说，各学校宜注意学生个性的陶冶。怎么陶冶呢？“学生禀赋不同，个性各异，苟不审其短长，因材陶冶，则教育实效终不可期。如轻躁者必教以真挚，傲慢者必矫以谦恭，孤僻者必导以同情，因循者必振以立志。

---

① 璩鑫圭、唐良炎：《中国近代教育史资料汇编·学制演变》，第732页。

② 璩鑫圭、唐良炎：《中国近代教育史资料汇编·学制演变》，第748–749页。袁世凯此处所说的“尚武教育”，就是指前文所说的“军国民教育”。

③ 璩鑫圭、唐良炎：《中国近代教育史资料汇编·学制演变》，第752页。

④ 璩鑫圭、唐良炎：《中国近代教育史资料汇编·学制演变》，第757页。

个性陶冶的要旨有二：一、善导个性，应其禀赋而施以学术；二、个性固重，亦宜采人之长，补己之短，以期早就中和之人。”①若泛泛地说，教育要根据学生的禀赋和个性因材施教，自是无可厚非。但实质上，袁世凯所要培养的，是没有个性的顺民。这实际上是一种倒退。

四、《修正大学令》颁行后的预科教育及其培养模式

1917年9月27日，《教育部公布修正大学令》颁行。该令的第四、五、八、九、十六条规定，均与预科有关。

“第四条　大学设预科。其学生入学资格，须在中学校毕业，或经中学毕业同等学力试验有及格证书者，但入学时应受选拔试验。

第五条　大学本科学生入学资格，须在预科毕业，或经预科毕业同等学力试验及格者。

第八条　大学本科之修业年限四年，预科二年。

第九条　大学预科生修业期满，试验及格，授以毕业证书。

第十六条　大学预科须附设于大学，不得独立。”②

修正后的《大学令》和民国初年颁行的《大学令》相比，大学分为文科、理科、法科、商科、医科、农科、工科，这一点没有变化。“大学预科须附设于大学，不得独立”也没有变化。但在其他方面均有修正。

关于预科入学条件，原来的规定是，“须在中学校毕业，或经试验有同等学力者”。《修正大学令》有两点修改，一是同等学力者要经过中学毕业同等学力试验并获得及格证书者，才能进入预科学习；二是所有打算进入预科学习的人，入学时均应接受选拔性考核，合格者才能进入预科。

① 璩鑫圭、唐良炎：《中国近代教育史资料汇编·学制演变》，第736页。

② 璩鑫圭、唐良炎：《中国近代教育史资料汇编·学制演变》，第815–816页。

关于预科生升入本科，原来的规定是，“大学预科生修业期满，试验及格，授以毕业证书，升入本科”。也就是说，预科毕业生可以直接升入本科。《修正大学令》则只是规定大学预科生修业期满，试验及格的，授以毕业证书。至于是否升入本科的事，则只字未提。

关于本科和预科的学制，原来的规定是：大学各科之修业年限三年或四年，预科三年。《修正大学令》则改为：大学本科修业年限为四年，预科为二年。按原来的规定，一个人读完预科和本科，需要六到七年时间，而现在明确规定是六年，其中预科的学制从三年缩短到二年，减少了一年；而部分本科的学制从三年增加到了四年。

对于这次大学改制中预科教育的改革，当时蔡元培有一个解释，他说：“大学之预科由旧制之高等学堂蜕嬗而来。所以停办高等学堂，而于大学中自设预科者，因各省高等学堂程度不齐，咨送大学后，种种困难也。不意以五年来经验，预科一部、二部等编制及年限，亦尚未尽善。举一部为例，既兼为文、法、商三科预备，于是文科所必须预备、而为法、商科所不必设者，或法、商科所必须预备、而为文科所不必设者，不得不一切课之，多费学生之时间及心力于非要之课，而重要之课，反为所妨。此一弊也。预科既不隶各科，含有半独立性质；一切课程，并不与本科衔接，而与本科竞胜：取本科第一年应授之课，而于预科第三年授之，使学生入本科后，以第一年之课程为无聊，遂挫折其对于学问上之兴趣。且以六年之久，而所授之课，实不过五年有奇，宁不可惜。此二弊也。此亦促进大学改制之一原因。改制以后，预科既减为二年，而又分隶于各科，则前举二弊可去。”①

对教育部的《修正大学令》，当时还是有反对的声音。比如，周春岳在

① 蔡元培：《大学改制之事实及理由》，《新青年》第3卷第6号（1917年8月1日）。

《大学改制之商榷》一文中提出，这次学制改革，只是对大学学制的改革，没有从总体上加以考虑。他认为，中国中学学制只有四年，以四年的学业程度，而指望他们能够接受大学教育，是不可能的，因为“根柢太浅”。不得已，只得在大学设立预科。因此他提出，“大学改制，同时须改良中学，中学年限至少当为六年，俾普通学科，根柢深厚，可以进受大学教育。如以中学毕业生不必人人入大学，四年现制，别有维持之必要，则无妨两种中学并设，其一仍旧四年，其他为六年，前者授通常中学教育，后者程度加高以与大学连接……如是，则大学尽可不设预科，而竭全力以从事于高等专门学术之发达”。周春岳的建议，简单地说，就是在中学增加二年，“大学尽可不设预科”。

针对周春岳的质疑，蔡元培提出了反驳意见。蔡元培的反驳意见主要有三点，一是，他认为一国之中，中学的数量必定远远超过大学的数量，并不是所有中学生都要入大学，若在中学中加入大学的预备课程，对那些不准备进入大学的学生来说增加了负担。二是，中国教育还不发达，各地方的中学的办学水平并不整齐，在中学中编入大学预备课程，毕业后也不一定能直接升入大学，还不如在大学中设立预科以解决这个问题。三是，中学的经费出自地方，大学的经费，出自中央；在中学中延长学制并增加预科课程，所需经费较多，不如在大学办预科所需经费少。所以，蔡元培提出：“故预科之制似无改革之必要。”[1]

五、大学预科教育的取消

民国初年的学校系统确定以后，在执行的过程中多次被修改。袁世凯时期，除了上文介绍过的更改教育宗旨、推行尊孔复古教育以外，还将初

① 蔡元培:《读周春岳君〈大学改制之商榷〉》,《新青年》4卷5号(1918年)。周春岳的《大学改制之商榷》一文，被作为附录，收录在蔡元培的《读周春岳君〈大学改制之商榷〉》一文文尾。

等小学校更名为国民学校（学制仍是四年），在中学校中附设预备学校，施以初等普通教育，为升入中学做准备。预备学校分为前后两期，前期为四年，后期为三年。另外，在袁世凯时期，小学、预备学校、中学都开设了《读经》课程，在大学阶段，建立经学院。袁世凯死后，国民学校、高等小学中的读经课程被取消，预备学校被废止。

除了上述朝令夕改的问题外，还有不少问题受到了当时研究者的关注。其中，最主要的是教育宗旨问题、学制过长问题和大学预科是否有存在的必要问题。就民初的学制规定来说，初等小学校（4年），高等小学校（3年），中学校（4年），大学预科（3年），大学本科（3年或4年），一个人从初等小学读到大学本科毕业，需要17～18年。若一个孩子6岁上学，至少要到23岁或24岁才能大学本科毕业。在这里，还不包括“不设年限”的大学院。

正是由于这些问题的存在，当时的学界对这些问题展开了深入研究。其中，研究范围之广、影响之大，莫过于教育会的研究。

在清朝末期，各省基本上都成立了教育会，有一定的教育行政职能。进入民国后，教育会的主要职能被确定为教育研究，其行政职能由教育部和各省的教育行政部门承担。

民国四年（1915年）四月二十日，由直隶省教育会发起的全国省教育会第一次联合会在天津召开。在这次会议上，湖南省教育会向大会提交了《改革学校系统案》。湖南省教育会的《改革学校系统案》提出：“学校的年限不适当，全系学年失之长，而各校分配又不适当，大学毕业全二十四岁，大学校费去六年七年未免多，中学校反止四年未免少也。”又说：“学校的阶段不衔接，非失之过则失之不及。师范学校与高等师范之间重复一年，中学校第一年课程与高等小学几重复一年，非失之过乎？中学校与专门大学之间须预备一年乃至三年，非所谓失之不及乎？过与不及，劳民伤财，耗时误人不浅矣。”[①]大会认为此案事体重大，所以没有进行决议，而是发给各省征集意见。[②]这可能是新学制改革的肇始。

1918年12月30日，教育部成立教育调查会并公布了教育调查会规程，该会以调查审议教育方面的重要事项为任务。1919年4月，教育调查会第一次会议提出了“以养成健全人格，发展共和精神”为教育的新宗旨。1919年10月，第五次全国教育会联合会议议案提出“请废止教育宗旨宣布教育本义案”，该议案认为，“施教育者不应特定一种宗旨或主义以束缚被教育者”，因此，所谓的教育宗旨，不必研究、修正或改革，而应毅然废止，应该把教育恢复到应有的本义。该议案提出，“以养成健全人格，发展共和精神”作为教育的本义是合适的。[③]

1921年10月27日至11月7日，第七届全国教育会联合会在广州举行。这次会议经过讨论，制订了《学制系统草案》。该草案把整个教育系统分为初等教育、中等教育、高等教育三个阶段。其中，在高等教育阶段，“大学不设预科，其入学资格以高级中学毕业者，或有同等学力者为限”，“高等专门学校不设预科，其入学资格与大学同”。[④]

---

① 璩鑫圭、唐良炎：《中国近代教育史资料汇编·学制演变》，第836页。

② 记者：《全国省教育会第一次联合会记略》，《教育杂志》第7卷第6期。

③ 璩鑫圭、唐良炎：《中国近代教育史资料汇编·学制演变》，第843–845页。

④ 璩鑫圭、唐良炎：《中国近代教育史资料汇编·学制演变》，第863、864页。“高等专门学校不设预科，其入学资格与大学同”一句，原文无“不”字。在引用时，由引者所加。之所以增加“不”字，理由如下。第一，从逻辑上推理，只有高等专门学校也不设预科，那么，“其入学资格与大学同”才是可以理解的。第二，《第七届全国教育会联合会纪略》详细记载了分组讨论情况。大会委托四个小组分别讨论并报告了初等教育、中等教育、师范教育、大学及高等专门教育的讨论情况。第四组的讨论结果中有这样一句：“如中学取六年制，大学及高等专门学校不设预科，其入学资格以中学毕业及有同等学力者为限。”（见《中国近代教育史资料汇编·学制演变》，第875页。）这里说得很明确：高等专门学校不设预科。第三，胡适在讨论中明确说道：“大学及各种高等专门学校皆不设预科，这固是我极赞成的。”（出处见下文）胡适是当时参与讨论的人，他所说的，应该是准确的。

第七届全国教育会联合会制订的《学制系统草案》公布后，引起了国人的广泛注意与讨论。很多著名的学者，如蔡元培、陶行知、陶孟和、胡适、汪懋祖、廖世承、舒新城、孟禄等人，均参与了讨论。在上述学者中，很多人并没有讨论到大学的预科教育，倒是胡适对此有一大段议论。胡适说：“大学及各种高等专门学校皆不设预科，这固是我极赞成的。我常说，民国元年的学制把各省的高等学堂都废去了，规定‘大学预科须附设于大学，不得独立’，那是民国开国的一件大不幸的事。因为，① 各省设立大学的一点小基础，从此都扫去了；② 各省从此没有一个最高学府了，本省的高等人才就不能在本省做学术上的事业了；③ 大学太少了，预科又必须附在大学，故各省中学毕业生，为求一个大学预科的教育，必须走几千里路去投考那不可必得的机会，岂不是太不近情理吗？试想四川、云南、贵州的中学毕业生，必须跑到北京、南京才有一个投考预科的机会。这两年的预科教育，值得这么大的牺牲吗？”[①]

由于全国教育会联合会连年提议改革学制，且该会的《学制系统草案》已经在全国产生广泛的反响，而且有的地方已经在按《学制系统草案》着手实施。在此背景下，教育部于1922年9月20日在教育部大讲堂召开了学制会议，参会人员的组成为：各省及特别区教育行政机关人员各派1人，各省及特别区教育会各派1人，国立专门以上学校校长，内务民治司司长，教育部参事司长，教育总长延聘或指派人员。该会议的决议案有以下几项：学校系统改革案、县教育行政机关组织大纲案、特别市教育行政机关组织大纲、省区教育行政机关设立参议会案、兴办蒙藏教育办法案、请教育部组织教材要目编审会建议案、扩充省视学员建议案等。10月11日下午，

① 胡适：《对于新学制的感想》，见《中国近代教育史资料汇编·学制演变》，第914页。

第八届全国教育会联合会在济南开幕。新任教育总长汤尔和派人将教育部学制会议的决议案和第七届全国教育会联合会公布的《学制系统草案》各印 100 本送给与会代表讨论。10 月 17 日上午，联合会会议讨论通过了修正案。修正案报教育部后，很快得到了批准。

1922 年 11 月 1 日，《大总统颁布施行之学校系统改革案》颁行，大学中已没有了预科教育的立足之地。

六、民国时期大学预科教育的尾声

1922 年新学制颁布后，办学实践中新制高级中学和旧制大学预科并行了很长一段时间，如天津南开是兼办大学和中学的学校，在新学制颁布后仍以缺乏旧制高中毕业生为理由，同时办理大学预科和高级中学部，毕业后都可以进入大学学习。

正因如此，中学教育实践中很长时间都没有完成民初学制向 1922 年学制的过渡，大学预科在实践中一直延续到 20 世纪 30 年代。1931 年国联教育考察团来华考察时曾就此发表评论："近来，各大学对于中等学校四年毕业之学生，若考入大学，常令其入预科二年，而预科之课程，大半与高级中学相同。此种办法，殊不利于优良高级中学之发展。"①1930 年教育部曾规定，预科应于 1932 年 6 月 30 日以前废止，在有些大学因此不再招收预科新生的情况下，1930—1931 年度大学预科学生人数仍达 8635 人。这一数字与 1931 年高等学校毕业生 7034 人相比，这两年制的大学预科人数并不算少。

七、结论与讨论

在民国初年的新学制改革中，基本上沿袭了清末的学制，其预科教育

① 国联教育考察团：《中国教育之改进》，国立编译馆 1932 年版，第 167 页。

也被保留下来，并持续十年之久。其间，虽然存在袁世凯的复古影响，甚至还有其他小的调整，但整体上，预科教育仍然属于正规学制的一部分，直到被取消。

民国时期的预科教育仍没有找到自己的定位。有学者提出，从清末的高等学堂，一直到民初大学预科，都保留有很强的中学性。[①] 即使大学预科在学制上被取消后，把高中当作大学预科的观念，却一直保留下来，以至于很多人认为，这是中国中学课程标准过高的重要原因之一。

---

① 王伦信：《论清末高等学堂与民初大学预科的中学性》，《教育史研究》2002 年第 3 期。

第五章
1949—1999 年的民族预科教育培养模式

1949 年 10 月，中华人民共和国成立。从此，中国的预科教育和历史上相比，发生了巨大变化。其最主要的变化是少数民族预科教育成为预科教育的主要形式。同时，华侨预科和留学生预科也有巨大发展。从本课题研究的角度来说，我们把研究的重点放在少数民族预科教育（简称民族预科教育）方面。

中华人民共和国成立以来，预科教育的发展历史和培养模式，可以分为两个阶段。第一个阶段从中华人民共和国成立到 1978 年的改革开放；第二个阶段是改革开放一直到现在。本章主要研究中华人民共和国前 50 年的预科教育培养模式问题。而 21 世纪的预科教育，从总体上看，和当今的预科教育紧密相连，其培养模式的各个方面的问题，已经不宜从纵向方面进行分析，而应该从横向方面分为不同问题进行研究。这就是以后各部分的研究任务。

一、民族预科教育的产生

中国共产党非常重视少数民族干部的培养。在延安时期，中国共产党就在延安创办了民族学院，培养了一大批少数民族干部，他们中的很多人成为中华人民共和国成立以后少数民族地区建立新生政权的骨干力量。

但是，随着全国的解放，少数民族干部仍非常缺乏。大量培养少数民族干部的问题被提上议事日程。西北民族学院是中华人民共和国成立最早的民族学院。根据马国忠的介绍，“1949 年 9 月，中国人民解放军第一野战军司令员彭德怀指示政治部在兰州成立了藏民问题研究班，从而揭开了大西北解放后培养少数民族干部的序幕，同年 11 月，藏民问题研究班扩大为藏民学校。1950 年初又更名为西北人民革命大学兰州分校第三部。同年 7 月，西北人民革命大学三部第二期学员毕业后，即宣告结束，百余名学员及 20 多名教职工转入新成立的西北民族学院。”①

1950 年 11 月，中央人民政府政务院批准了《培养少数民族干部试行方案》和《筹办中央民族学院试行方案》。《筹办中央民族学院试行方案》规定，中央民族学院的任务之一是“为国内各少数民族实行区域自治以及发展政治、经济、文化建设培养高级和中级的干部”，提出目前先行设立军政干部训练班、本科政治系和语文系，本科政治系以 2 年时间培养各民族的革命骨干，其中水平较差者先入预科学习半年或 1 年。这是首次从国家政策上提出兴办预科教育。

二、成立民族学院

根据宋太成的研究，按照《筹办中央民族学院试行方案》的规定，中

① 马国忠：《西北民族学院沿革》，《西北民族研究》1990 年第 1 期。

央民族学院从 1951 年就开始招收预科生。1953 年 1 月，正式举办预科教育，把它列入当年的工作重点。随后逐步明确了预科的办学目的是培养边疆少数民族青年，帮助边疆少数民族人民提高文化；培养目标是为学生升入本院政治系本科或其他大学和中等技术学校补习文化；办学指导思想是“少数民族缺什么人才，就培养什么人才”；招生原则是“来者不拒，一视同仁”。当时的学生来源，是当年未完全达到高中毕业文化程度的边疆少数民族干部或子弟，其中具备长期学习条件的，则入预科学习后升入本院政治系本科或其他专门学校继续深造。①

《培养少数民族干部试行方案》和《筹办中央民族学院试行方案》公布实施后，还先后成立了中央民族学院中南分院（后来的中南民族学院，后又改称中南民族大学）和中央民族学院西南分院（后来的西南民族学院，后又改称西南民族大学），分别承担了培养中南地区和西南地区少数民族干部的重任。

三、中华人民共和国成立初期的民族预科教育

中华人民共和国成立之初，少数民族地区急需大批政治干部，所以专门成立了以培养少数民族政治干部为主要任务的民族学院。可是，各地选送进入民族学院学习的学员，文化程度参差不齐。文化程度高的，达到高中毕业生的程度（这一类所占比例很小）。大部分学员的文化程度在初中以下。还有很大比例的学员完全是文盲，连自己的名字也不会书写。在这种情况下，很多民族学院按照《培养少数民族干部试行方案》和《筹办中央民族学院试行方案》的要求，成立了文化补习班，从最基础的内容学起，学习结束后，已经具有一定的文化基础，再进入干部培训序列继续学习。

---

① 宋太成：《民族预科教育简述》，《民族教育研究》2002 年第 4 期。

中央民族大学和中南民族大学的预科教育，都是这样产生的。在这里，以中南民族大学的预科教育为例做一点说明。曾在中南民族大学预科教育学院工作过的李春光，对当时的预科教育做过介绍：“1952 年 10 月成立文化班，这就是预科部的前身，学生有 120 人，在建初期是成人文化补习教育性质，主要为政治班学员中一部分文化低的进行文化补习，提高他们的汉语水平，以便更好地学习政治和政策。”①

1955 年 6 月和 1958 年 2 月，中央民委和教育部在北京召开了两次全国民族学院院长会议。会议提出，民族学院在相当长的阶段以培养政治干部为主，同时培养少数民族的各种专业干部、专业人才和知识分子。根据这一方针，为了适应民族地区建设发展的需要，受国家有关部委的委托，中央民族学院从 1957 年开始相继开办了医预班、地质班、地理班、气象班、外语班、电机班和机械班等，培养和输送了一大批具有专业技能的技术人才。

根据宋太成的介绍，当时中央民族学院预科毕业生的去向大体分为两类，一类是专门为民族地区培养的有文化、懂管理，且具有一定专业技术的人才，基本上哪里来回来到哪里去，回到民族地区，成为当时民族地区社会主义革命和建设的生力军；另一类是年龄较小，又具有较好文化基础的学生，经过补习高中文化知识后保送或通过高考到各有关高校本、专科继续深造。

截至 20 世纪 70 年代，仅中央民族学院预科教育为民族地区培养的政工、管理和各类专业技术人才及输送到各高等院校、中等专业学校继续深造的人数近 9000 人。

中南民族学院预科教育的情况，与中央民族学院基本相同。据李春光

① 李春光：《中南民族大学预科：走内涵式发展道路》，《中国民族》2004 年第 6 期。

介绍，“1956 年招收插班生，作长期的文化补习，提高到高中毕业程度，转到本院本科各专业继续学习。课程设置基本按普通中学全面开课。1956 年秋学生人数达 402 人。1958 年起，设高中性质的预科，不再办初中班。这年，学校转向以本科为主，同时办好干训部和预科部，预科招生重点放在少数民族较集中，而文化教育发展水平较低的地区。当时开办有二年制的文科高中班，采取减少数、理、化课时，增加文史课时的办法。自然科学教学采取课堂讲授与现场教学相结合，改进教学方法，贯彻启发讲练结合，认真讲清基础知识，加强基本功练习等方式。从创办到 1965 年共培养 1764 人，向各大院校输送了 7000 余名少数民族合格的大学生，这些学生有许多已成为民族地区的栋梁之材，为民族高等教育和少数民族地区的经济社会发展做出贡献”。①

据笔者对中南民族大学一些老师的采访，直到 20 世纪 60 年代，该校仍有初中性质和高中性质的预科。被采访人刘书英老师对笔者说：

“我是 1964 年进入中南民族学院预科读书的，刚来的时候是读初中，读了两年。后来又接着读高中，读了 3 年。我在预科一共学习了 5 年。预科毕业后又进本科学习。大学毕业后，到武汉的一个中学教书，民族学院复办后，又调到民院预科教书，直到退休。我是老预科了，我在预科学习和工作了很长时间。”②

从 20 世纪 50 年代后期开始，各个民族学院的办学模式有些变化，不仅继续举办干部培训教育和预科教育，也开始举办本科教育，民族学院向正规大学的方向迈出了重要一步。遗憾的是，在“文化大革命”期间，受

① 李春光：《中南民族大学预科：走内涵式发展道路》，《中国民族》2004 年第 6 期。

② 刘书英，中南民族大学预科教育学院退休教师。（采访时间：2017 年 3 月。）另外，李春光的说法和刘书英的说法有差异，哪一个正确，尚待考证。

到“极左”思潮的影响，很多民族学院受到冲击，甚至被迫停办。

四、改革开放以来的民族预科教育政策

中国共产党十一届三中全会后，中国进入了改革开放的新的历史时期，预科教育也步入了一个迅速、健康发展的历史新时期。这一时期的少数民族预科教育，既有民考民类型的预科，也有民考汉类型的预科。预科学习期满结业后，合格者直接进入大学本科学习。实际上，改革开放以来的预科教育，全部是为本科输送人才，成为名副其实的本科预科。

进入新时期后，预科教育越来越正规化。

1979 年 10 月，国家民委、教育部《关于民族学院工作基本总结和今后发展任务的报告》得到了国务院的批准。该文件指出，民族学院为其他高等院校开办少数民族的大学预备班，帮助学生补习、提高汉语水平，都是卓有成效的好经验。民族学院 20 多年来的历史充分说明，密切联系各少数民族地区的实际，采取多种形式办学的方针是正确的，必须继续坚持。

1980 年 5 月，根据中央［1979］52 号文件精神，卫生部、国家民委、教育部印发的《关于加强少数民族地区医学教育工作的意见》中决定，中央民族学院要恢复医预班，并于 1982 年恢复招生。各民族学院也要办好附中和预科。预科班专门招收边远地区和文化教育落后的山区、牧区中的少数民族优秀中学生，帮助他们补习汉语和科学文化知识以升入高等、中等医学院校学习。

1980 年 6 月，教育部《关于 1980 年在部分重点高等学校试办少数民族班的通知》指出，高考制度改革以后，一些重点高等学校对少数民族考生降低分数线录取，但存在由于学生文化水平太低，跟班上课有困难等情况。为了更好地为少数民族培养人才，决定从 1980 年开始，有计划、有

重点地在部分重点高等学校举办民族班，并对招生办法做了具体规定。

至此，民族预科教育的性质、任务和培养目标发生了重大变化。民族预科教育由原来单纯的文化补习转到为全国重点高等院校培养、输送合格少数民族人才上。预科生的招生与当年的高考录取工作同步进行，各院校录取的预科生送到有关院校预科部学习一年或两年，成绩合格者直接升入录取院校本科专业学习。

1980 年 10 月，教育部、国家民委《关于加强民族教育工作的意见》要求，全国重点高等院校 1998 年，共有 23 个部委、16 个省、市、自治区所属的 94 所高校招收少数民族预科学生 7142 名。2001 年，随着高等教育规模的扩大，少数民族预科生的招生规模达到 13000 人。以中央民族大学为例，20 多年来，来自全国 20 多个省、市、自治区的近 50 个民族、5000 多名少数民族学生通过预科学习直接升入清华大学、中国人民大学、北京医科大学、北京师范大学、北京邮电大学、北京外国语大学、南开大学、天津大学、南京大学、吉林大学、东北师范大学、上海财经大学、西安邮电大学、中南财经政法大学、中央民族大学等 50 多所全国重点大学的 70 余个专业继续深造。民族预科教育为少数民族学生提供了更多的接受高等教育的平等权利与机会，成为广大少数民族考生步入高等院校学习的“金色桥梁”。[①]

这一时期的民族预科教育，是适应改革开放和现代化建设的需要，从民族学院向更多的高等院校全面推进、积极发展的阶段。党和国家一系列有关民族预科教育的法律和政策措施，有力地促进了民族预科教育的改革与发展。

① 宋太成：《民族预科教育简述》，《民族教育研究》2002 年第 4 期。

1982年，卫生部、国家民委、教育部又发布了《关于全国重点高等医学院校培养少数民族高级医学人才的意见》，决定北京医学院、中山医学院、四川医学院、上海第一医学院和北京中医学院5所院校，自1984年起，每年从内蒙古、广西、宁夏、新疆、西藏5个自治区招收一定数量的少数民族学生。中央、西北、西南、中南4所民族学院从1983年起各办一个医预班，为上述5所院校培养预科生。

1984年3月，教育部和国家民委《关于加强领导和进一步办好少数民族班的意见》（以下简称《意见》）指出，根据边疆民族地区的实际需要，在高等院校举办民族班，要长期坚持下去。《意见》明确了高等院校民族班分为预科、专科和本科三种。预科阶段的任务是：根据少数民族学生的特点，采取特殊措施，着重提高文化基础知识，加强基本技能的训练，使学生在德智体几个方面都得到进一步发展与提高，为在高等院校本、专科进行专业学习打下良好基础。

1986年1月，国家教委《关于1986年继续在部分高等院校举办少数民族班的通知》决定，为了加快中国边疆少数民族地区社会主义现代化建设，培养更多的少数民族人才，1986年在北京大学、清华大学、北京师范大学、大连理工大学、中山大学、陕西师范大学、华中师范大学、华东师范大学、东北师范大学、西南师范大学继续举办少数民族班。举办民族班，可先用一至二年时间在民族预科班学习。学习期满后，经考核合格的，即可升入本校本科有关专业学习，不再参加全国统考。同时规定，民族班学生全部按大学生标准享受助学金。

1990年2月，国家教委、国家民委《关于内地与新疆维吾尔自治区高等教育支援协作规划会议纪要》指出，根据新疆文化教育基础发展不平衡的实际情况，内地为新疆举办高等学校民族预科（班）、本专科民族班，均列入国家计划。重点招收农牧区、边远山区，特别是人口较少的少数民族学生。1990—1992 年，每年平均招生人数应为 800 人左右。

1992 年 10 月，国家教委、国家民委在《关于加强民族教育工作若干问题的意见》中再次强调指出，国家教委和中央部委以及省、自治区、直辖市所属的高等院校，要有计划地招收少数民族学生，继续办好民族班和民族预科班。

1999 年 7 月，教育部、国家民委在《关于落实内地高校支援新疆培养少数民族本专科生 2001— 2005 年招生规划的通知》中，拟定了每年为新疆培养 1000 名左右少数民族本、专科生的五年规划。并明确规定，除北京大学、清华大学学生直接进入本科学习外，其余先在预科学习一年或两年。

五、1949—1999 年民族预科教育的培养模式

在上面的四个问题中，我们从纵向的角度介绍了中华人民共和国前 50 年来少数民族预科教育的发展历程。民族预科教育经历了从无到有、从小到大的发展过程。到目前为止，全国已有民族院校 15 所以上，这些学校全部都有民族预科教育。另外，民族地区的很多高校，也举办了民族预科教育。包括北京大学、清华大学在内的 100 多所大学招收少数民族预科生。全国的预科教育呈现蓬勃发展的势头。

然而，仅仅从纵向方面进行描述还是很不够的。因为单纯的纵向描述，并不能让我们清晰地了解这 50 多年中预科教育培养模式中的诸多问题。因此，在本部分中，我们从横向角度，对预科教育的招生、课程设置等方面的问题做一个分析。

中华人民共和国成立初期，进入民族学院学习的学员，并不用参加考试，而是由各地推荐。生源质量参差不齐，有的是文盲，有小学程度者，

有初中程度者，而高中程度者只占极小的比例。民族院校的文化补习班就是为了适应生源情况而采取的措施。在这一时期，学生学习的课程难度不一，最低的从识字学起。程度不同的学员学习年限也不一样，文化程度高的，经过短期培训便奔赴工作岗位，也有的要经过数年的学习。针对不同程度的学生，教材、教学内容也不一样。从性质方面看，不论是干部培训还是预科，主要是培养民族地区急需的政治干部。

20 世纪 50 年代后期，民族院校开始兴办本科专业。这是民族院校发展史上的大事，民族院校从此走上了正规化发展的道路。为适应新形势的需要，民族院校的预科逐渐转移到为本科培养人才方面，预科生源质量有了大幅度提高。

改革开放后，不仅国家民委所属的民族院校继续大量培养预科生，教育部所属的一些著名的大学，也开始招收少数民族预科生，全国的预科教育规模迅速扩大，办学质量也有了更大提高。为经济建设主战场培养专业化的技术人才，成为这个阶段预科教育的主要任务。

归纳起来说，中华人民共和国大量培养少数民族人才的总方针是一贯的，但是，在预科教育发展的不同阶段，必须根据紧密结合国家的中心工作，必须紧密结合预科生的生源质量，必须紧密结合国家的少数民族人才需求，来思考民族预科教育培养模式创新问题。离开了这几个思考问题的基点，培养模式创新问题很可能得不出正确的结论。

在以下的各章中，我们将以问题为导向，从不同侧面进一步讨论预科教育培养模式创新问题。

第六章
少数民族预科教育的属性与定位研究

民族预科教育是把中国民族政策和预科教育结合起来的一种特殊的办学形式，是中国教育体系中的一个特殊层次，是落实中国民族教育政策的重要措施。可以说从先天上，民族预科教育就具有民族政策性和教育性两种基本属性。

一、少数民族预科教育的基本属性

民族教育政策的基本目标是促进各民族地区经济、社会发展，努力提高各民族人口素质和培养民族地区经济社会发展所需的各级各类人才。

少数民族预科教育是在民族教育政策指导下产生的，体现了民族教育政策的基本精神，随着民族教育政策的改革而不断变化和发展着。

少数民族预科教育和其他层次的教育相比，具有民族政策属性和教育属性双重属性，并由此延伸出和一些有别于其他教育层次的特殊性质。

（一）少数民族预科教育的民族政策性

在教育部2005年印发的《普通高等学校少数民族预科班、民族班管理办法（试行）》第一章第四条中提出，“民族预科班、民族班招生和培养任务，根据国家的有关政策和民族地区经济社会发展的需要确定”。由此可见，少数民族预科教育具有深刻的民族政策性，甚至可以说是因民族政策才得以存在和发展，其培养对象长期以来随着民族政策的变化和民族地区的需求而改变。

下面通过少数民族预科教育的产生、发展的历史过程来论证民族预科的民族政策属性。

1949 年 9 月 29 日，中国人民政治协商会议第一届全体会议通过了起临时宪法作用的《中国人民政治协商会议共同纲领》，在第六章民族政策中指出“中华人民共和国境内各民族一律平等”、“各少数民族均有发展其语言文学、保持或改革其风俗习惯及宗教信仰的自由。人民政府应帮助少数民族的人民大众发展其政治、经济、文化、教育的建设事业”。

1949 年 12 月，毛泽东根据形势的发展特别是国家建设、民族区域自治、实现共同纲领及贯彻党的民族政策的需要，做出了培养大批少数民族干部的指示。1950 年 6 月，中央人民政府决定在北京建立一所新型大学——中央民族学院，抽调了一批当年在延安民族学院工作过的同志进行建院筹备工作。同年 11 月，周恩来总理主持政务院第 60 次政务会议，批准了中央民族事务委员会提出的《培养少数民族干部试行方案》[①] 和《筹办中央民族学院试行方案》。前一方案提出在北京设立中央民族学院，并在中南、西南、西北设立中央民族学院分院各一处。从 1950 年到 1958 年，中国先后建立了西北、西南、贵州、中央、云南、中南、广东、广西、青海、西藏 10 所民族学院。后一方案则明确规定了中央民族学院的三项主要任务：

① 具体内容可见附件 2：培养少数民族干部试行方案。

一是为国内各少数民族实行区域自治及发展政治、经济、文化建设培养高级和中级的干部；二是研究中国少数民族问题及各少数民族语言文字、历史文化、社会经济，发扬并介绍各民族的优秀历史文化；三是组织和领导关于少数民族文字方面的编辑和翻译工作。①

创办民族院校就是专门为少数民族培养政治干部和急需的各类专业人才，从 1950 年到 1958 年，中国先后建立了西北、西南、贵州、中央、云南、中南、广东、广西、青海、西藏 10 所民族学院。1984 年，筹建东北民族学院和西北第二民族学院。1989 年，又决定将筹建中的鄂西大学改建为湖北民族学院。

在中华人民共和国成立初期，为了适应民族地区政权建设的需要，各民族学院都以开办短期干部培训班为主，例如，中央民族学院创办初期先行设立军政干部训练班、本科政治系与语文系。由于学员来自各民族地区的农民和牧民，民族成分众多，文化程度参差不齐，语言、宗教信仰、风俗习惯各不相同，给教学带来了很大困难。为确保教学任务的完成，必须对文化水平较低的学员补习文化课。例如，中央民族学院第一期军政训练班的第三班学员文化基础比较差，无法跟班学习，就作为文化班先补习文化。鉴于此，民族学院后来开办了文化班，进行以语文、数学为主的，与实际紧密结合的文化科学知识教育，将教学内容提高到初中水平，在时间上要求在 3 ～ 4 年完成小学的主要课程，两年内完成初中课程。这种文化补习班就是预科教育的前身。例如，1951 年 9 月 1 日，中央民族学院第三十五次院务会议研究决定，从 1952 年起设立各系共同的预科，招收 100 人。1953 年 1 月 24 日，中央民族学院第七十九次院务会议讨论通过了成

① 孙雅莉：《中央民族学院建校始末》，《中国民族报》2006 年 6 月 9 日第 7 版。

立预科方案，并把预科教育列入当年学校工作的重点。从此，预科教育就成为中央民族学院独立的教学单位之一。[①] 到 1956 年，中央民族学院预科在校生达到 1448 人，占当时全校在校生总数的 2/3 以上。[②]

在 1954 年前后，各民族学院将原文化补习班改为预科班。预科开始正式建制，下设各教研室，并设立党、团、工会等基层组织，配备专职管理人员，组织专职教师从事预科基础教育，课程设置与普通中学一致，使得入学学生文化水平提高到高中毕业程度。例如，1955 年，贵州民族学院开始试办初中预科班，1956 年开办高中预科班。1960 年，西藏民族学院举办预备班，中央民族学院、中南民族学院、广西民族学院、云南民族学院、青海民族学院等都先后设立了大学预备班、大学先修班、大学预科班等办学层次。[③]

从民族预科教育的发展历史可知，从文化程度上看，经历了初小预科、初中预科、高中预科和大学预科几个阶段；从培养对象上可以分为专业技术预科和衔接型预科，专业技术型预科毕业后仍然回到原来民族地区工作，而衔接型预科则是为了民族学生进一步学习而做准备的。在改革开放以前，民族预科教育的每个阶段是随着民族地区的需要而逐步提高文化知识的层次的，专业型预科和衔接型预科并存；改革开放后民族预科教育主要是指大学预科，以学习高中文化知识，为高等院校输送少数民族学生为目的。

进入 21 世纪以来，民族预科教育随着经济的发展、交通运输的便捷以及通信工具的普及，少数民族地区与发达地区的交流越来越多、越来越方便，除了少数民族大学预科这种层次的教育之外，在发达地区以及内地

---

① 梁艳菊：《预科》，《中国民族》，2009:130–131。

② 欧以克：《民族高等教育学概论》，北京市：民族出版社 2005 年版，第 238 页。

③ 朴胜一主编：《中国少数民族教育发展与展望》，内蒙古教育出版社 1990 年版，第 151 页。

较发达地区兴办了许多小学民族班、初中民族班和高中民族班，再加上大学预科班及硕士、研究生层次预科，当前中国形成从小学到研究生层次的民族预科教育，这使得民族预科教育几乎覆盖了所有的教育层次。

（二）少数民族预科教育的教育属性

少数民族预科教育的民族政策属性深深地影响其教育属性，对办学、规模、层次和专业起到了决定性的作用。因此，少数民族预科教育单位在培养对象上受制于民族政策，很难前瞻性地考虑自身的未来与发展。

少数民族预科教育的两个属性中，民族政策属性一直处于主导地位，而教育属性则被动变化。

从民族政策性上看，民族预科教育是加快培养少数民族人才的重要保证，是保证少数民族大学生比例和教育公平的重要措施。例如，在汶川大地震之后，为了使灾区少数民族考生有更多的进入高等学校深造的机会，经国家民委委务会议研究决定，并商教育部同意，国家民委所属中央民族大学等 6 所院校将向四川、甘肃延考地区追加 80 名少数民族预科计划。

在高等院校大众化进程初期，民族预科在校学生数从 1985 年的不到 4000 人的规模，发展到 2004 年的将近 3 万人。2008 年在校本专科学生一共有 127 万，其中经过预科教育的有 13.6 万多人，占 10.71%。民族预科在少数民族教育公平上起到了很大的作用。

随着高等教育大众化的进一步发展，民族预科利用降分录取来加速少数民族人才的培养的作用明显降低。2004 年中国在校大学生从 1333.5 万人发展到 2008 年的 2021.02 万人，增加了 51.56%；少数民族学生从 2004 年的 77.43 万人发展到 2008 年的 127.99 万人，增加了 48.97%；而民族预科在校人数却从 2004 年的 29954 人下降到 2008 年的 26029 人。

同时，各个高校民族预科招生的分数线越来越高，招收了相当多的已经过了当地一本、二本线的学生，使得已经能够成为合格大学生的民族学生又在预科学习一年。

民族预科教育的民族政策性，具有临时性和过渡性的特征，对民族预科教育的研究和发展影响是突发的不连续的，在民族政策性主导下的民族预科教育其教育属性受到了压制，教育目的缺失，课程建设滞后，教学方法单一，而要提高民族预科教育教学质量则需要教育属性处于主导地位方可。

但是，平衡少数民族预科教育民族政策属性和教育属性则是一项非常艰巨的任务。由于在民族预科教育创立之初，主要是以知识技术的补习为主，从初小到高中，从知识文化到技术，在以“补”为教育目的的前提下，民族预科教育只需关注少数民族地区需要什么文化知识，而后在预科教育教学上体现出来即可。在新形势下，民族预科教育目的的转变，在民族政策层面上重视了预科办学的规模化、规范化，但是在预科教育层面的科学化、现代化却非常滞后。现在民族院校的预科教育越来越倾向于民族政策，而忽视了预科教育的教育特征；重视预科办学规模，忽视了预科教育质量，在这里所指的质量不是当前的教学质量，而是预科教育的质量。因为目前预科教育的两种教育目标同时存在，导致课程的设置还不是很合理，在这个前提下的教学质量提高还不足以实现预科教育的任务。例如，中南民族大学预科教育学院全体教师在2008年师德考核和课堂教学质量考核中全为优秀，但是委托培养单位仍然对学生质量不是很满意。这说明民族预科教育的进一步发展应当倾向于民族预科教育研究，才能更好地实现中国民族预科教育的宗旨。

二、少数民族预科教育目的是什么

（一）民族预科教育目的缺失和培养目标多样化

一直以来，教育部并没有像初等教育和高等教育那样明确地提出少数民族预科教育目的是什么。如果基础教育或者高等教育教育目的不明确，那么培养目标、高考、课程设置等各个教育教学环节就会出乱子。但是在民族预科教育初期，没有明确提出教育目的，预科教学依然有序进行。这是因为，过去的民族班如从初小到高中各种层次的补习班、文化班和医预班、地质班、气象班、电机班、水利班、外语班、干训班、政训班等各类培训班，它们的教学和培养目标非常清晰。预科教学单位只需要完成教学任务即可。

这种情况类似社会上的教育培训机构，没有明确的教育目的，根据培训对象设置培训内容和目标，而这些内容和目标在其他教育机构中都是现成的，可以直接拿过来用，所以教育目的存在与否并不重要。从这个角度来说，了解到民族地区当前急需要什么显得比组织课堂教学更重要些。

从 1980 年开始，民族预科正式成为大学预科，向高等学校培养和输送文化基础知识扎实、素质较高的少数民族学生。从此，预科教育的性质、任务和培养目标发生了根本的变化。预科教育由原来单纯的文化补习转到为全国重点高等院校输送合格大学生的服务上。随着基础教育和高等教育的发展，有民族预科教育专家认为，民族预科教育就是向本科输送合格的少数民族大学生的一个特殊的教育层次。这种观点有其合理性，毕竟民族预科教育当前向本科输送合格大学生是其目的之一，但是仍然低估了预科教育的复杂性，还需要进一步深化和明确。因为作为一个特殊的教育层次的特殊性并不能从这儿表现出来，这个目的高中阶段同样也能达到，而且民族预科的民族特征并没有完全体现出来，学生的差异性也会让人对“合格大学生”的标准难以判断。正因如此，现在预科教育工作者产生“预”“补”分歧，各个学校民族预科教育的重心也不一样，有的倾向于补习语言，有的倾向于扩展大学知识，有的补习中学知识。

而作为一个特殊的教育层次就需要有一个明确的教育目的来规范招生、培养目标、课程设置、教育教学过程等教育环节。从整个预科长期办学过程可以看到，民族预科教育目的不明确，培养目标却多样化。姑且不讨论过去的民族班如从初小到高中各种层次的补习班、文化班和医预班、地质班、气象班、电机班、水利班、外语班、干训班、政训班等各类培训班的培养目标，即便是现在以为高校输送合格人才为目的的民族班来说，其培养目标也是非常混乱的，至少在“预习”本科内容还是“补习”高中知识上依然存在巨大的分歧。

（二）民族预科教育目的与教育对象的关系

要想弄清楚少数民族预科教育目的，首先要有明确的教育对象。而少数民族预科教育作为一个特殊的教育层次，其教育对象却是非常复杂的。

民族预科的一个重要办学宗旨就是为少数民族地区加快培养所需要的人才、缩小少数民族地区和发达地区的差距、实现全国各民族共同繁荣的历史重任。民族预科教育是民族地区教育的一个重要补充。所以预科教育的发展需要了解当前民族地区最需要的是什么样的教育。

由于高等教育大众化及基础教育质量的提高，在民族地区似乎很难找到民族地区所“急需”的教育，文化基础知识教育，大部分民族地区都普及了义务教育，而专业教育则由高校本专科教育来办，研究生教育民族预科限于师资承办不了。

而现在的“预”“补”分歧主要是在基础知识是否牢固，分辨的标准就是高考的分数的高低。在这里就存在一些矛盾现象。

一是对优质教育资源的追求，导致很多分数过了一本的学生报考了预科（招收预科的学校一般都是重点院校），按照现在预科的课程设置以及办学模式，这些学生似乎没有上预科的必要，他们可以直接升入本科学习。

二是基础教育资源向城市集中，导致民族地区中的非城市地区的学生很难获得优质的高等教育资源。民族预科教育的使命感就是促使预科要缓解或者解决民族地区“急需”的教育。所以有专家提出需要在招生时考虑城市和落后的非城市的地区。要想照顾到民族地区中基础教育比较落后的区域，只有扩大招生面，或者针对某个地区定向招生。但是从教育资源的利用效率来说，招生不可能放着优质生源不招，而去招基础落后的学生。所以就有专家认为，预科可以通过“补”缓解这种情况，能够把基础落后的民族学生培养成合格的大学生。当然这种观点更多的是考虑民族感情，并没有考虑教育资源的利用效率的问题，所以从教育部很难得到支持。这也是民族预科学生质量越来越高的原因之一。

三是语言差异性。在少数民族语言使用比较多的地区，到了预科之后成绩很显然比不上使用普通话地区的学生。由于语言问题造成的成绩较低，并不能说明这些学生不优秀。但是学习普通话有利于教育质量的提高，也有利于民族地区的发展。

四是预科学生基础差距大。“预”“补”分歧不仅仅在各个高校之间存在，在同一学校也存在，因为在招生的时候，各个省区的分数线不一样，学生差异大。但是本科招生是按照专业录取，授课也是按照专业，所以在同一班级中学生差异不大。而预科学生是全国统一招生，按照省区划线，所以学生差异性非常大。看到基础优秀的学生，老师就认为应该预习本科课程，遇到基础差的学生就认为应该补基础知识。从上面可以看出，当前预科教育对象不是那么的清晰。各个教学单位对于自己培养什么样的学生并不清楚,仍然是招什么样的学生,就采用什么样的培养方式。很多人都在思考“民族预科究竟是培养成绩落后的还是成绩优秀的，是普通话好的还是普通话差的”。

从预科的办学宗旨来看，既要照顾到基础教育差的民族地区，也要照顾到希望获得更优质高等教育资源的学生；既要照顾到普通话好的，也要照顾到普通话不好的学生。这些都是民族地区本身很难解决的问题。也正是民族地区缩小与发达地区差距的问题所在，也正是民族预科教育的办学宗旨，也是民族预科应该努力解决的。

如果我们揭开“同校生源差异大的面纱”，就会发现，民族预科教育的对象有三类：一是追求优秀高等教育资源的民族地区学生；二是基础教育欠发达的民族地区的学生；三是普通话基础较差的学生。

这三类教育对象对教育资源的需求是完全不同，不同的学生需要不同的培养目标。

少数民族预科教育多样化的学生，必然带来多样化的教学内容和多样化的培养目标，这不是一个学校能够完成的任务，需要宏观的顶层设计，使得不同衔接需求的学生获得相应的教育资源。

三、少数民族预科教育的培养目标是什么

（一）“预、补”两种目标孰是孰非

每一个预科教育的工作者和研究者都知道预科教育的“预”“补”之争，这种观点取舍教师对课堂教学的影响是巨大的。每个老师都面临着是

“补高中知识”还是“预大学知识”的取舍，但是不管如何变化教学内容，总会有学生“学不会”和“吃不饱”的现象并存。经过长期的实践和思考，我们不禁怀疑，学生与学生之间的差异是不是过大，差异程度是否已经达到难以在一个教学班中完成统一的教学目标？如果是的话，造成这种情况的原因是什么？如何解决？

上面的问题要想得到一个比较好的结果，就需要对民族预科学生进行分类，通过分类弄清楚学生之间存在的差异，以及差异程度，才能找到民族预科课堂教学“学不会”和“吃不饱”现象并存产生的原因。但是仅仅依照我们的专业知识和经验对民族预科学生进行定性分类，很容易受到个人主观因素的影响，缺乏定量分析，说服力比较小。

鉴于此，课题组随机抽取到中南民族大学 2011 级文科二班作为分析对象，收集该班学生 2011 年的高考成绩和籍贯，把语文、数学、英语、文科综合作为变量，生源地作为行向量名，然后通过统计学中聚类分析的方法进行分类，在没有先验知识的情况下，按照数据或变量在性质上的亲疏程度进行自动分类。然后对各类之间的学生成绩进行方差分析，观测各类之间的成绩差异达到什么程度，进而分析产生差距的原因。

在统计中，民族预科学生被分为四类（见表 6–1）。第一类是以新疆、青海为代表的西北地区；第二类是以湖北为代表的中部地区；第三类是以贵州为代表的西南地区；第四类从地域上看中部、北部、南部都有，显得有些杂乱。总体上看，这个分类结果，还是比较符合我们以地域来分类的习惯的，尽管第四类没有太明显的地域特征。从前三类可以看到民族预科学生的成绩和其所在地区有很大关系，这是由中国不同地区的基础教育差异造成。而第四类的分布没有呈现出明显的地域特征，这说明地域基础教育差异不是影响这种分类的唯一因素，还有其他的因素存在。

表 6–1　Ward 方法下的聚类结果

第一类	第二类	第三类	第四类	
贵州 8	福建	甘肃 2	安徽	辽宁 1
吉林	广西 4	广东	甘肃 1	内蒙古 1
辽宁 2	黑龙江	贵州 1	广西 1	内蒙古 2
宁夏 2	湖北 1	贵州 3	广西 2	内蒙古 3
青海 1	湖北 2	贵州 4	广西 3	宁夏 3
青海 3	湖北 3	贵州 6	广西 5	宁夏 4
青海 4	湖北 4	贵州 7	广西 6	宁夏 5
青海 5	湖北 5	贵州 9	广西 7	四川 2
新疆 2	湖北 6	宁夏 1	广西 8	云南 2
新疆 3	湖北 7	青海 2	贵州 2	云南 3
新疆 4	湖北 8	四川 1	贵州 5	重庆
新疆 5	湖北 9	四川 3	河南 1	
新疆 6	湖北 10	新疆 1	河南 2	
新疆 7	湖北 11	云南 4	湖南 1	
云南 1	湖北 12		湖南 2	
	湖南 5		湖南 3	
	内蒙古 4		湖南 4	
	山东		湖南 6	

上面的聚类分析结果只是把样本进行分类，并没有根据成绩进行排序。我们把分类的结果所对应的成绩用 R 软件提取出来，整理得到分类后的成绩表（见表 6–2）。显然，成绩最好的一类是以湖北为代表的第二类；次之是广西、湖南为代表的第四类；再次是以贵州为代表的第三类；最后是以新疆、青海为代表的第一类。

表 6–2　分类成绩表

第一类					第二类					第三类					第四类				
	语文	数学	英语	文综		语文	数学	英语	文综		语文	数学	英语	文综		语文	数学	英语	文综
贵州 8	98	68	66	110	福建	97	142	102	160		89	79	91	198		113	109	100	180
	104	65	64	167		108	116	133	163		100	97	99	204		101	101	119	187
	130	80	103	155		11/	128	12/	184		98	101	96	220		110	103	114	193
	98	68	97	169		170	119	175			88	109	68	218		111	114	117	117
	105	84	8/	164		10/	131	119	182		91	/3	/6	189		112	81	11/	194
	98	67	100	160		119	136	103	181		104	87	102	201		107	101	117	191
	83	79	98	176		174	171	111	185		106	89	107	214		101	107	98	198
	89	59	89	140		111	129	118	183		96	84	87	204		91	105	99	194
	171	54	96	166		127	127	137	154		102	47	73	211		108	114	136	188

续表

第一类					第二类					第三类					第四类				
	语文	数学	英语	文综		语文	数学	英语	文综		语文	数学	英语	文综		语文	数学	英语	文综
	106	45	106	153		119	123	130	16/		99	103	6/	169		109	96	124	1/6
	107	45	103	154		120	128	121	170		110	90	67	173		112	106	112	204
	114	60	93	103		130	112	12/	1/1		80	69	94	184		121	90	11/	223
	111	68	93	186		127	127	112	174		114	90	60	189		114	105	109	206
	110	60	89	180		128	128	128	153		108	80	90	201		114	113	134	204
	109	51	130	1/6		120	119	116	184							125	9/	115	199
						126	106	132	168							101	103	102	169
						104	107	117	115							96	88	134	171
						104	122	93	142							98	101	125	170
																98	91	120	166
																119	108	83	198
																97	116	115	178
																95	76	123	178
																99	99	100	175
																98	98	115	182
																111	107	89	188
																96	119	90	185

2011 年按照第一批本科招生的省（区）将增加至 7 个，分别是湖北、内蒙古、河南、广西、新疆、云南、西藏。而中部基础教育相对发达，一般二批学生成绩和少数民族地区一批学生成绩类似甚至稍高，东南发达地区，中南民族大学预科招生名额很少。我们解释聚类分析的四种分类是由少数民族地区基础教育的差异性和民族预科的招生方式两个因素造成的。

在得到造成一个班的学生如此分类的原因之后，我们不禁思考：这种分类下的学生基础会有明显的差异吗？如果有这种差异会不会影响学生在一起学习？会不会导致教师面对这几类学生而难以确定同一教学目标，而导致教师在“预”“补”之间徘徊？

课题组为了了解学生的差异性用方差分析的方法来对学生语文、数学和英语成绩进行分析。

用箱线图时语文教学经验是一致的。

图 6–1 很直观地看到这四者之间巨大的差距。尤其是第一类（新疆、

青海）和第二类（湖北）之间差异非常大。这个结果和实际数学课堂教学中新疆学生数学较差、湖北学生数学较好的印象是一致的。

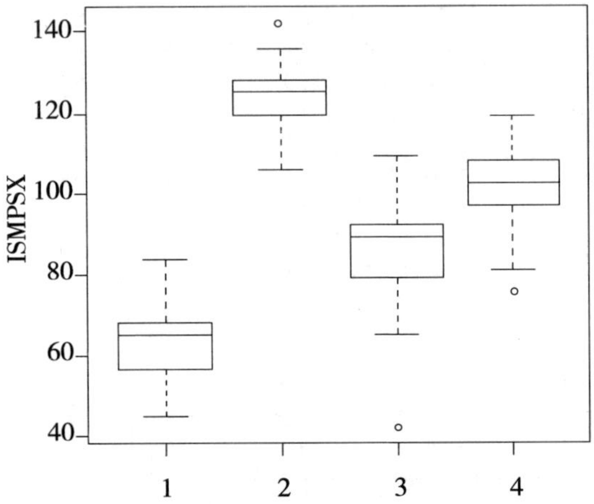

图 6–1　数学成绩箱线

按照类似的方法可以得到语文箱线图(见图 6–2)和英语成绩箱线图(见图 6–3）。从图形可以看出，语文和英语虽然没有数学差异这么大，但是差异依然是显著的。尤其有意思的是，英语成绩较差的是第三类（贵州为代表的西南地区），这个和大家觉得西南地区英语不好、新疆学生英语不差的印象是相吻合的。

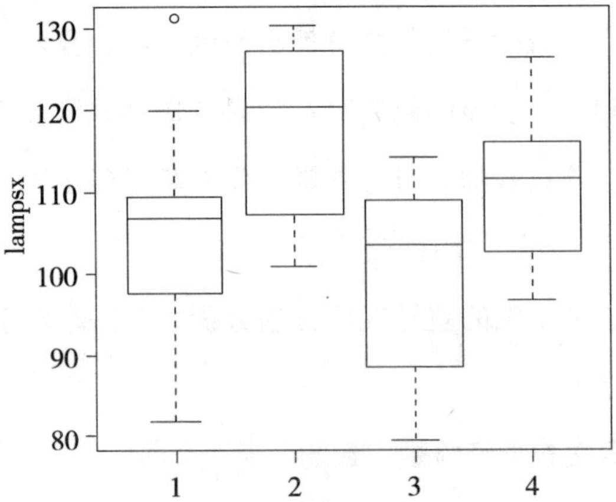

图 6–2　语文成绩箱线

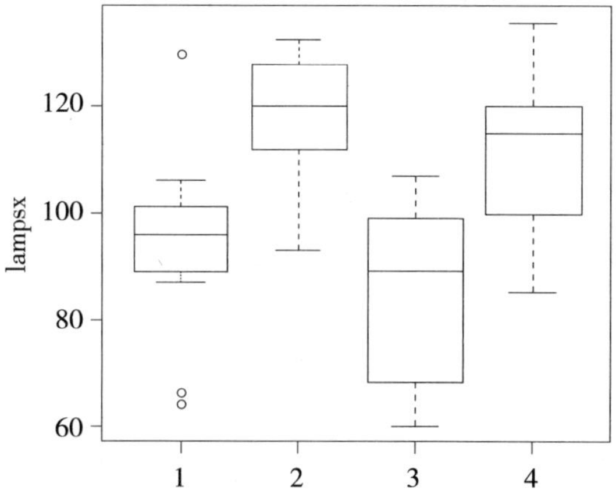

图 6–3　英语成绩箱线

语文成绩虽然整体差异是显著的，但是就湖北成绩好些，其他三类相差不大，这也和平时语文教学经验是一致的。

通过对一个班级聚类分析和方差分析，我们可以得到一个结论：民族预科学生基础知识是有巨大差异的，这种差异导致预科教师在课堂教学中难以形成一个统一的教学目标。看到基础差的学生，教师就倾向于“补”基础知识，看到基础好的学生，教师倾向于“预”大学知识，结果在一个班级就出现了“吃不饱”“学不会”并存的怪异现象。形成这种现象的根本原因有两个：一是不同民族地区的基础教育差异大；二是招生方式，把基础不一的学生集中在一起。

为了解决这种现象，民族预科院校从教学的角度出发，提出了不同的解决方案。有的院校提出“补”高中知识，有的院校提出“预”习本科内容；有的院校折中既“补”高中知识，又“预”习本科内容。实践证明，无论采用哪一种培养目标，基础知识差异如此之大的学生在同一个班级，都不可能照顾到全部学生，也就是说“补”高中知识，基础好的“吃不饱”；“预”习本科内容，基础差的“学不会”；既“补”高中知识，又“预”习本科内容，结果时间不够用，导致高中知识没有“补”好，本科内容也没有“预”习到。

预科教育历来的“预”“补”之争，事实上就是民族预科教育“由原来单纯的文化补习转到为全国重点高等院校输送合格大学生的服务上”，这个转变阶段是必须经历的。但是由于大学生的标准参差不齐，少数民族预科生的基础知识也参差不齐，这个度究竟如何把握及采用什么措施，并没有一个能让预科教育工作者和研究者达成共识的结论。

按照这种情况，只有通过招生或者是分班，从源头上解决基础差异大的问题，才能够保证课堂教学质量。但是分班教学就意味着需要两个、甚至两个以上的培养目标，而民族院校预科教学单位，师资力量薄弱，很难保证两个以上的培养目标同步实现。并且每个民族预科学院基础差与基础好的学生的比例并不一样，难以形成规模效应。仅仅按照分班来解决生源差异，提高课堂教学质量是不现实的。

从上面分析可知，在现有的少数民族地区基础教育差异比较大的情况下，按照当前的招生方式，仅仅依靠某一个民族院校预科学院从教学的角度来提高质量是行不通的。

这需要把全国民族预科教育看作一个整体来思考，首先从招生方面解决生源基础差异大的问题；其次根据分类招生后的学生基础制定不同的民族预科教育目的、培养目标以及各学科的教学目标；最后可以借助现在的民族预科教育基地在达到一定规模的基础上进行校本课程改革。

（二）衔接型教育目的的提出

正是民族预科学生基础的差异和需求的多样性，导致“预、补”两种培养目标长期困惑着预科教育工作者。这就需要重新思考民族预科的教育对象的需求，重新定位民族预科教育目的和培养目标。

在前面提到的三类民族预科教育培养对象，事实上说明民族地区基础教育与高等教育之间需要衔接，民族地区和发达地区之间的教育需要衔接。这样的衔接需要根据不同学生需求和基础设置课程目标来实现。

这样少数民族预科教育的目的逐渐清晰起来，当前及以后一段时期，少数民族预科教育目的就是衔接民族地区基础教育和高等教育，衔接民族地区和发达地区的教育。我们称这种教育目的为“衔接型少数民族预科教育目的”。

当然，衔接型民族预科教育目的能否实现，以及落实到什么程度，还需要细化为具体的培养目标、教学目标，合适的教学内容，招生政策等各个教育环节来保证。这样民族预科教育的民族政策性又回归到教育属性来保证。

（三）民族预科教学研究向民族预科教育研究的艰难转变

现阶段由于两种培养目标并存，导致民族预科教师在实践中更倾向于研究教学教法，以便提高教学质量。加上近几年“学生评教”压力凸显，使得民族预科教育工作者倾向于教学研究，而对于民族预科教育的理论建设不是非常重视。这种只重视教学忽视教育的研究氛围使得民族预科教育发展缓慢。

民族预科教育显然不仅仅需要补习文化知识或者仅仅预习本科知识就行了，还要让预科学生能够更好地在大学里发展全面提高学生的素质，所以需要在预科阶段对学生进行素质教育，做好中学教育与大学教育的全面衔接。

这样就需要民族预科的研究从教学的层面过渡到教育的层面。从这个角度看民族预科教育事实上就是民族地区中学教育与大学教育的衔接教育。只是由于民族预科学生较少，在教育界影响较小，经费也严重不足，教育主管部门、民族院校对于预科教育的研究重视不够，直到现在民族预科的研究还大多停留在教学层面。随着民族预科的扩招、预科教育基地的成立，民族预科教育研究越来越引起社会的重视。只是，民族预科教育的研究目前似乎还没有显示出从教学研究向教育研究上明显转变。

（四）从核心素养教育目的来看预科教育培养目标

以上讨论的仅仅是少数民族预科教育在实践中存在的一些问题，要实现“衔接型教育目的”的研究却需要找准基础教育和高等教育的共同点，使得在民族预科教育实践中能够实现这种衔接，民族预科教育的研究才会有一个起点。

2016 年 9 月 13 日上午，北师大举行了中国学生发展核心素养研究成果发布会。这项历时三年出炉的权威研究成果，对学生发展核心素养的内涵、表现、落实途径等做了详细阐释。《中国学生发展核心素养》正式发布。

中国学生发展核心素养，以科学性、时代性和民族性为基本原则，以培养“全面发展的人”为核心，分为文化基础、自主发展、社会参与三个方面。

综合表现为人文底蕴、科学精神、学会学习、健康生活、责任担当、实践创新六大素养（见图 6–4），具体细化为国家认同等 18 个基本要点。根据这一总体框架，可针对学生年龄特点进一步提出各学段学生的具体表现要求。显然核心素养打通了以知识结构划分的高等教育和基础教育的壁垒，以终身教育的理念使得基础教育和高等教育衔接起来。而少数民族预科教育则可依据“衔接性教育目的”和中国学生核心素养的具体要求来制定民族预科教育的具体的培养目标。所以少数民族预科教育不需要再拘泥于具体的课程结构，而需要从衔接的角度根据不同学生的基础和需求进行人文底蕴和科学精神的培养。既需要从自主发展的角度来教会学生学习和健康生活，又要培养学生勇于担当能够实践创新。

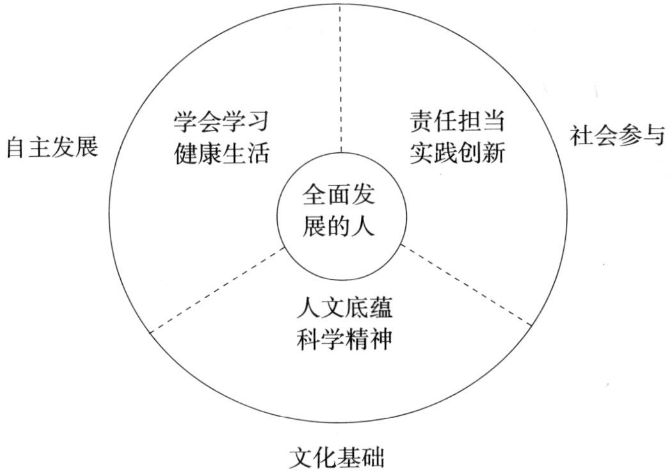

图 6–4　中国学生发展核心素养

（五）实现“衔接型少数民族预科教育目的”的途径

有了明确的教育目的和教育对象，不同类型的教育对象的培养目标就不难制定了。各个教学单位都积累了一定的经验。只是由于办学规模较小，不可能每种类型的教育对象都得到良好培养。不过教育目的和培养对象都明确了，就可以通过其他如招生、课程建设等教育关节来实现。

1. 衔接型教育目的指导下的分类招生

在同一个教学单位三种培养对象，规模又小，教学单位显然没有能力把每种培养目标实现。此时，教育主管部门可以通过分类招生，缩小同校生源差异，形成规模，为各个教学单位培养目标的制定和落实扫清障碍。

2. 衔接型教育目的指导下的新型民族预科教育基地

分类招生可以保证学校内部生源差异缩小，各个教学单位就可以根据自己的生源建立新型的预科教育基地。同样也分为三类：语言学习基地；基础知识补习深化基地；本科预习基地。建立了新型民族预科教育基地之后，各个基地就可以根据本校实际情况进一步研究实现培养目标的教学内容。

3. 衔接型教育目的指导下的“校本课程建设”

每个基地的教学目标很显然是不一样的，即使是同一类的基地也有很大的差异。从语言基地可以知道，母语为维吾尔语和母语为藏语的基地的教学内容显然是不一样的。这种情况可以通过校本课程建设来实现民族地区和发达地区教育的衔接。

而本科预习基地同样也很复杂。由于是衔接基础教育和高等教育，哪些知识是所有专业必须学习的，哪些是部分专业需要学习的。如何协调个人的专业取向和实际教学效率，也是校本课程建设的重要内容。

当然教育目的如果明确，民族预科教育工作者和研究者需要站在民族共同繁荣的高度上，用教育的视角对民族预科教育的每个环节重新进行研究。相信通过全体预科人和民族预科教育管理部门同心协力主动实行变革，这些研究会很快完成的，民族预科教育也会成为民族地区快速发展的必不可少的教育层次。

四、少数民族预科教育的战略性定位与发展

（一）民族预科教育战略性定位和发展方向研究的意义

民族预科教育战略性定位和发展方向的研究有助于为解决当前民族预科教育面临的困境提供理论支持。民族预科教育在加快少数民族地区人才培养上，和降分录取这两方面都遇到了困境，这种困境的产生和中国经

济快速发展下的高等教育大众化写基础教育质量快速提高的背景有关，原来从民族预科教育的定位已经难以适应当前中国政治经济和教育的快速发展。民族预科教育战略性定位和发展方向的研究有利于为解决当前民族预科教育面临的困境提供理论支持。

民族预科教育战略性定位和发展方向的研究有助于开拓民族预科教育的研究视野。有利于从理论上深层次地、全面地认识到民族预科教育的作用和地位，充分利用预科教育的多样性和灵活性，从国家发展的战略高度更好落实民族教育政策，为国家、各民族教育事业的发展提供理论参考。

民族预科教育战略性定位和发展方向的研究有助于解决民族地区对高质量的多样化人才的需要。由于民族预科教育的衔接性和灵活性，能够充分考虑到学生的个性化发展，分类办学。从战略发展的角度来看，有助于加快解决经济社会发展对高质量多样化人才需要与教育培养能力不足的矛盾，有助于解决民族地区对高质量的多样化人才的需要。

民族预科教育战略性定位和发展方向的研究是提高民族预科教育质量的需要。目前，中国已经进入高等教育大众化阶段，处于规模化办学向提高质量转变之际，《国家中长期教育改革和发展规划纲要》（以下简称《纲要》）中明确指出，“把提高质量作为教育改革发展的核心任务”，要求“进一步办好高校民族预科班”。民族预科教育在中国教育转型之际，也必然需要对中国民族预科的教育对象、教育宗旨、教育目标和培养规格等方面再认识和研究，只有如此才能落实《纲要》。这就要求我们结合中国教育、社会政治经济现状和民族政策，重新思考民族预科教育的定位。对民族预科教育进行战略性定位和发展研究，有利于把民族预科教育融入中国教育体系中，提高民族预科教育质量，是落实《纲要》中“把提高质量作为教育改革发展的核心任务”的需要。反之，只有对民族预科定位科学了，才能更好地为中国教育及民族教育提供更大的助力。

关于中国民族预科教育的战略性定位和发展研究基本上还处于一片空白，对于民族预科教育具有一定的规范意义，对于中国教育体系的发展和完善具有一定的促进和影响。

（二）民族预科教育战略性定位和发展方向需要研究的主要内容和突破点

1. 民族预科教育在其历史发展中的定位及局限性

民族预科教育从其发展就有很强的民族政策性的定位标准，从发展的角度来看，是有一定的历史局限性的。现在的教育理念、教育手段、经济和科学技术都有了很大的变化，这就需要用历史的观点对民族预科发展过程中的定位进行反思，做到以史为鉴，为民族预科教育的进一步发展提供宝贵的经验。

2. 民族预科教育在中国高等教育大众化背景中的挑战与机遇

中国高等教育大众化进程使得民族预科在加快少数民族人才培养方面的作用弱化了很多，甚至由于民族预科录取分数过高起到反作用。在此背景下，民族预科教育面临着前所未有的危机和困境。固此一些民族院校对本校预科从规模上进行了限制，由于定位问题不清晰，在研究上投入也比较少。同时，高等教育大众化也带来了各种各样的衔接问题，而以衔接为基本特征的预科教育，在这种情况下也存在巨大的机遇挑战。在教育上也面临着教育理念的转变的挑战，面临着教育结构现代化的挑战，面临着教学内容、教学方法和教学手段现代化的挑战，等等。要认识到民族预科教育战略性定位和发展方向研究的重要性和紧迫性。

3. 民族预科教育战略性定位和发展的基本思路、基本依据及原则要求

的研究

民族预科教育在定位的时候要以中国政治经济、教育发展的高度来考虑，用科学发展的长远观点来思考影响民族预科教育的依据一些基本原则。例如，坚持面向少数民族地区、为少数民族服务的宗旨，要坚持预科教育教育属性和民族政策性相统一的原则；要依据预科教育衔接性的本质属性；要考虑到民族预科教育的办学形式的灵活性和多样性等。

4. 预科教育比较研究

预科教育在古今中外都有很长的发展历史，其办学方式非常灵活，是整个教育体系中非常重要的一环，通过进行比较分析来探讨中国民族预科教育的定位和发展。

5. 民族预科教育分类研究

民族预科教育是一个多层次、多样化的结构，有小学、中学、大学预科和研究生预科；有民族院校预科，也有普通高等院校民族班；有公立学校的基地也有民办的基地，还有民族院校的一般预科。不同的少数民族预科教育分类研究，不同专业预科分类研究。所以，对于这样一个复杂的民族预科教育结构，要进行分类研究，不同的类型的预科教学单位的定位应该区别对待。

6. 民族预科教育衔接性研究

民族预科教育的衔接性的表现形式非常丰富，现在需要从中国教育体系的实际出发，充分发挥民族预科教育的灵活性和多样性，把普通教育和职业教育衔接起来，把高等教育和基础教育衔接起来。

7. 民族预科教育在中国教育系统中的战略性定位研究

民族预科教育在中国教育系统中处于一个衔接地位，但是一直以来更多侧重于考虑服务面向对象，而较少考虑服务的方式，而对于民族预科教育的灵活性和多样性考虑不多。在当今中国教育规模迅速扩大的背景下，一定要抓住机会发挥民族预科教育的衔接性特征，在中国教育体系中找到自己的位置。

8. 民族预科教育的战略性发展研究

预科教育的多样性、灵活性和衔接性使得它在国外许多国家教育体系中具有重要的作用。尽管现在中国并没有把预科教育纳入教育学制中，但是如果从战略的角度来看，预科教育能够解决当前中国教育中的许多实际问题：如职业教育和高等教育衔接的问题；高考招生问题；教育公平问题等。由于民族预科人数较少，可以通过实验研究来使得研究更加科学公正。

9. 核心素养指导下的民族预科教育校本课程建设研究

民族预科教育作为人的终身发展的一个环节，其最终实现需依赖于课程的建设。而民族预科小而灵活的规模与全国覆盖下多样性使得其研究比较具有代表性。核心素养的核心在于促使人的终身发展和全面发展，这需要基础教育和高等教育有机结合起来，而少数民族预科教育天然的基础教育和高等教育的衔接性使得在实现“核心素养”教育理念上有先天的优势。核心素养教育理念实践经验不足的情况下，民族预科教育在这方面具有试点和衔接的双重优势。

当然，在这些研究问题中需要突破的难点依然是采用什么形式把民族预科教育的民族政策性和教育属性紧密地结合起来，把民族预科教育真正融入我们的教育体系中，为我们的教育事业做出巨大的贡献。或许“核心素养”教育理念就是一个奇迹。

第七章
少数民族预科教育的特殊性与培养模式创新

和其他教育形式相比，少数民族预科教育是极其特殊的。这种特殊性，决定着预科教育的培养模式。在讨论预科教育培养模式创新问题时，若对预科教育的特殊性没有真正的理解，在培养模式创新方面就无法得出科学的有价值的结论。

一、基本价值取向的特殊性与培养模式创新

少数民族预科教育承担着为少数民族和民族地区培养社会主义事业建设者和接班人的重任。这个任务，决定了民族预科教育的政治属性。

中国共产党历来重视少数民族干部和人才培养。早在中国共产党成立之初，已有不少少数民族有志青年加入了党的组织，邓恩铭（水族）、马骏（回族）、张伯简（白族）都是1921年加入中国共产党的少数民族青年。长征经过了湖南、贵州、云南、四川、宁夏等少数民族地区，更让中国共产党深刻地认识到中国多民族国家的基本国情。“九·一八”事变后，日本开始入侵中国，并试图把中国边疆的少数民族地区一个一个从中国分裂

出去。日本侵略者的野心，更让中国共产党认识到培养少数民族干部的重要性和紧迫性。在此背景下，中国共产党在延安创立了民族学院，大量培养少数民族干部。1949 年 9 月，中国人民政治协商会议第一届全体会议确定了中华人民共和国最主要的民族政策，即民族平等、民族区域自治以及各少数民族“均有发展其语言文字、保持或改革其风俗习惯及宗教信仰的自由”。[①]要在少数民族地区推翻各民族内部的剥削制度并确立社会主义制度、实行民族区域自治，没有大批少数民族领袖人物是不可能的。所以，政务院于 1950 年 11 月通过了《培养少数民族干部试行方案》和《筹办中央民族学院试行方案》。《筹办中央民族学院试行方案》规定，中央民族学院的任务之一是“为国内各少数民族实行区域自治以及发展政治、经济、文化建设培养高级和中级的干部”，提出目前先行设立军政干部训练班、本科政治系和语文系，本科政治系以 2 年时间培养各民族的革命骨干，其中水平较差者先入预科学习半年或 1 年。这是首次从国家政策上提出兴办预科教育。从政务院的这两个文件可以看出，预科教育从一开始就是为少数民族地区的新生政权建设和民族区域自治服务的，具有很强的政治属性，是中华人民共和国民族政策的具体体现。

20 世纪 60 年代后期，民族预科教育受到冲击。改革开放后，民族预科教育得到恢复并快速发展。在全国的工作重心转移到社会主义现代化建设的新的历史时期，民族预科教育的任务不仅要为少数民族和民族地区培养政治干部，还要大量培养各种专业人才。20 世纪 80 年代末 90 年代初，苏东剧变，民族分裂主义在很多国家和地区抬头，中国的国家统一和民族团结事业也面临重大考验。在此背景下，以江泽民为代表的党的第三代领

① 中共中央统战部：《民族问题文献汇编》（1921、7—1949、9），中共中央党校出版社 1991 年版，第 1290 页。

导集体明确提出：要“充分认识民族工作的长期性、复杂性和重要性。”江泽民还提出：“要积极发展民族教育。民族教育是整个教育事业的组成部分，是民族工作的重要方面，应在教育结构、专业设置、教学内容，学制、办学形式等方面，逐步走出一条适应少数民族和民族地区实际的路子。要努力改善办学条件，办好各级各类民族学校，提高教育质量，为民族地区培养更多的经济、技术、管理等方面的专业人才。在通用本民族语言文字的地区，要因地制宜地搞好‘双语教学’，并大力推广普通话。”[①]在21世纪的前十年中，先后出现了拉萨“3·14事件”和乌鲁木齐“7·5事件”，极端势力的猖獗和境外敌对势力的渗透仍未得到根本遏制，敌对势力仍在和我们争夺人才。因此，“立德树人”仍是少数民族预科教育培养模式创新所要考虑的首要问题。习近平总书记在全国高校思想政治工作会议上提出：“我国高等教育肩负着培养德智体美全面发展的社会主义事业建设者和接班人的重大任务，必须坚持正确政治方向。高校立身之本在于立德树人。”习近平总书记强调，我们的高校是党领导下的高校，是中国特色社会主义高校。办好我们的高校，必须坚持以马克思主义为指导，全面贯彻党的教育方针。要坚持不懈传播马克思主义科学理论，抓好马克思主义理论教育，为学生一生成长奠定科学的思想基础。要坚持不懈培育和弘扬社会主义核心价值观，引导广大师生做社会主义核心价值观的坚定信仰者、积极传播者、模范践行者。[②]习近平总书记在中国共产党第十九次全国代表大会上提出：要“牢牢掌握意识形态工作领导权”，要“培育和

① 江泽民:《加强各民族大团结，为建设有中国特色的社会主义携手前进》，1992年1月14日，http://www.ce.cn/xwzx/gnsz/szyw/200706/17/t20070617_11787457.shtml.

② 习近平:《把思想政治工作贯穿教育教学全过程开创我国高等教育事来发展新局面》，《人民日报》2016年12月9日，第1版。

践行社会主义核心价值观”，要“加强思想道德建设。人民有信仰，国家有力量，民族有希望。要提高人民思想觉悟、道德水准、文明素养，提高全社会文明程度。广泛开展理想信念教育，深化中国特色社会主义和中国梦宣传教育，弘扬民族精神和时代精神，加强爱国主义、集体主义、社会主义教育，引导人们树立正确的历史观、民族观、国家观、文化观。”①“要全面贯彻党的教育方针，落实立德树人根本任务，发展素质教育，推进教育公平，培养德智体美全面发展的社会主义建设者和接班人。”②这些最新思想，是指导今后一个时期预科教育培养模式创新的重要指南。也就是说，坚定不移地坚持社会主义办学方向，坚决把全国高校思想政治工作会议精神和十九大精神落到实处，是预科教育培养模式创新的首要任务。

具体来说，在预科教育培养模式方面，必须把维护国家统一和民族团结放在首位，坚持用马克思主义基本理论、观点、方法教育学生，努力把他们培养成“德才兼备”“又红又专”的社会主义建设者和可靠接班人，培养模式的创新才是符合社会主义要求的。

二、层次、属性、定位的特殊性与培养模式创新

在上一节中，我们从预科教育的政治属性、尤其是民族政策属性的角度讨论了预科教育培养模式创新时必须坚持正确的政治方向。但我们也应该注意到，预科教育不仅具有政治和政策属性，同时还具有教育属性。

从教育属性角度看，预科教育介于中学教育和大学教育之间。预科教育既不是高中教育，也不是大学教育，而是属于过渡性和衔接性的教育。从这个角度看，预科教育培养模式的创新问题，既不能沿袭高中教育的培

① 《中国共产党第十九次全国代表大会文件汇编》，人民出版社 2017 年版，第 33–34 页。

② 《中国共产党第十九次全国代表大会文件汇编》，人民出版社 2017 年版，第 37 页。

养模式，也不能直接套用大学教育模式。

从我国目前的实际来看，国家层面早就提出了素质教育的问题，可是，由于高等教育的承载量是有限的，因此相当一部分高中毕业生无法进入大学学习。也就是说，高考竞争是很激烈的。竞争的压力过大，导致我国的中学教育很难转变到素质教育的轨道上来。学界多有诟病的中学应试教育还很难退出历史舞台。虽然目前已经开始了高考制度改革，但改革的效果目前还没有显现出来。

以知识灌输为主要特色的应试教育，是不符合国家总体发展战略的。《国家中长期教育改革和发展规划纲要（2010—2020年）》（以下简称《纲要》）提出，“到2020年，基本实现教育现代化，基本形成学习型社会，进入人力资源强国行列。”要实现“人力资源强国”的目标，《纲要》提出的战略主题是“坚持以人为本、推进素质教育是教育改革发展的战略主题，是贯彻党的教育方针的时代要求，核心是解决好培养什么人、怎样培养人的重大问题，重点是面向全体学生、促进学生全面发展，着力提高学生服务国家人民的社会责任感、勇于探索的创新精神和善于解决问题的实践能力。”要实现这一战略主题，《纲要》提出的措施主要有三条：坚持德育为先、坚持能力为重、坚持全面发展。关于学生的能力培养，《纲要》提出了三个能力：学生的学习能力、实践能力、创新能力。应试教育显然无法教给学生这三种能力。在中共十九大报告中，习近平总书记再次强调了创新的重要性。他指出：要“加快建设创新型国家”“创新是引领发展的第一动力，是建设现代化经济体系的战略支撑。”①

预科教育是为本科教育服务的。预科教育的培养模式创新必须紧跟本

① 《中国共产党第十九次全国代表大会文件汇编》，人民出版社2017年版，第25页。

科教育的发展方向。《纲要》提出，高等教育承担着培养高级专门人才、发展科学技术文化、促进现代化建设的重大任务。而高等教育所要培养的是“信念执著、品德优良、知识丰富、本领过硬的高素质专门人才和拔尖创新人才。”按照笔者的理解，本科教育重点在于培养“高素质专门人才”，研究生教育重在培养“拔尖创新人才”。那么，预科教育培养模式的创新，必须为本科教育培养高素质专门人才服务。这里所说的“高素质”，最为重要的就是创新素质和创新能力。

就目前的预科教育来说，对预科生的创新素质和创新能力培养是极其缺乏的。从认识方面看，预科教育行政主管部门和预科教育工作者，大多把预科生看作是有很大短板的群体。从教学模式上看，预科教育主要采用的是“补习”模式。虽然学界对“补”“预”关系的讨论有很多，但至于怎么为本科教育做好“预备”工作，还没有成熟的经验。从教育教学方法方面看，基本上采用的是知识灌输的方法。从课程设置和教学内容方面看，基本上是普通内容，缺乏与本科教育的有效衔接，缺乏对预科生的能力培养。所有这些问题，都跟我国教育改革与发展方向存在着严重脱节现象，也就是说，没有跟上国家教育总体发展战略的步伐。

上述这些现象，在生源质量较差的学校，问题似乎还不是很突出。而在生源质量好的高校，这些问题是非常突出的。

针对这些问题，本书提出如下几个建议。一是针对生源质量较差的学校，其培养模式可以重在补习，但也要注意和本科教育的衔接。而在生源质量好的高校，更应把重点放在与本科教育的衔接方面。二是教育行政主管部门要适当放权，教育行政主管部门只提出课程设置及教学难度的建议，由各个培养学校根据生源状况决定开设哪些课程以及应该达到的目标。三是建议增加一些本科专业入门性质的课程，如《经济学入门》《法学入门》

等，既便于学生了解本科专业，也实现了预科教育和本科教育的有效衔接。四是建议在预科教育阶段，在确保主干课程的前提下，压缩不必要的课程，增开《科学研究方法》之类的课程，让预科生学会自主学习与研究性学习，实现预科生在本科阶段的跨越式发展。五是实行学分制和弹性学制，适当打通预科教育和本科教育之间的障碍，对文化程度较高且有能力者，缩短其预科学习时间。六是扩大学生选课权利。不少预科生有偏科现象，有些课程的高考成绩已经达到很优秀的程度，在预科学习期间，可以提出免修，可以让学生把宝贵的时间用于修习薄弱的课程，或者用于探索自己感兴趣的领域。

三、培养目标的特殊性与培养模式创新

从上面的讨论中，已经能够看出，预科教育的培养目标是非常特殊的，既要考虑预科教育的政治和政策属性，又要考虑其特殊教育层次的属性。为了实现这两个方面的有机结合，可在教育教学实践中，把预科教育的培养目标分解为三个具体目标。

（一）站得稳

要求预科的所有学生，经过预科的培养，要牢固树立在党的领导下走社会主义道路的思想，自觉维护国家统一和民族团结，努力把自己培养成德才兼备、又红又专的社会主义事业的建设者和接班人。

（二）跟得上

所有的预科学生，尤其是来自教育不发达地区的学生，经过预科的培养，要大幅度提高自己的“短板”，文化基础得以巩固和提高，学习态度和学习方法有改进，学习能力有大幅度提升，至少在本科学习阶段不掉队、

跟得上。

（三）有飞跃

在预科学习期间，必须加大对预科生的能力培养。能力培养，最核心的是学习能力和创新能力培养。让学生在预科期间，学会查阅资料、学会自学、学会阅读、学会分析、学会批判、学会提出问题，总之一切围绕学生能力提升开展教育教学工作。经过这种训练以后，预科生进入本科阶段，一定是实现跨越式发展，成为本科阶段的优秀学生。

四、学制的特殊性与培养模式创新

在前面章节中已经介绍了，从清末到民国时期，预科教育是属于整个教育体系的正式组成部分，属于学历教育，学制为 3 年。从中华人民共和国成立到改革开放期间，预科教育的学制不很规范，主要是根据预科学员的文化程度来决定的。改革开放以来，预科教育的学制逐渐走向规范化。目前，民考汉类型的预科，学制为 1 年；民考民类型的预科，学制为 2 年。由于本书主要的研究对象是民考汉类型的预科，即学制为 1 年的预科，所以这里暂不讨论 2 年制预科的问题。

如前文所述，目前部委所属高校 1 年制预科的生源质量是比较好的，基本上达到甚至超过了高考招生二本线的水平。在此情况下，国家规定的预科课程及教学难度，对部委所属高校的预科生来说，基本上没有什么难度，以至于不少学生认为预科学习浪费了 1 年时间。而对于生源质量较差的高校来说，要想让学生保质保量完成预科课程的学习任务，还有一定难度。这还只是问题的一个方面。从另外一个方面来说，大多数高校的预科生来源于不同的省、市、自治区，内部文化程度的差异也很大。全国统一、全校统一的培养标准，对优质生源来说，必然是“吃不饱”，而对于文化基础较薄弱的学生来说，则又是“消不了”。因此，本书建议，教育行政主管部门应该授权各个高校，设置不同的结业标准。

同时还应该注意到，若扣除寒暑假，预科生在校学习时间大约只有 9 到 10 个月。在有限的时间里，想让预科学生在各个方面都有很大提高，这是不切实际的想法。因此，本书重申如下建议，预科教育的培养模式创新必须紧跟本科教育的发展方向（具体建议请参阅本章第二部分）。

五、教育对象的特殊性与培养模式创新

（一）民族预科教育的对象全部是少数民族学生

根据我国的教育政策，少数民族预科教育只能招收少数民族学生。最近两年，在预科教育招生时，更加精准地针对边疆地区、贫困地区、农牧区和少数民族自治地方。这就决定了民族预科教育和一般的高中教育、大学教育有很大不同。根据 2010 年第六次全国人口普查数据显示，全国少数民族人口有 1.14 亿，占全国人口的比重的 8.49%。在不同地区的高中和大学中，其教育对象中的少数民族学生所占比例可能高一点，也可能低一点，但是他们的教育对象从来不是、也永远不会是少数民族学生占 100%的比例。教育对象全部是少数民族学生，这是少数民族预科教育所独有的特点。这种特点决定了在培养模式创新方面，必须考虑到教育对象的特殊性。

（二）预科学生的风俗习惯与汉族有较大差异

风俗习惯包括衣食住行等方面的习尚、禁忌等。由于预科教育的对象全部是少数民族学生，因此，和汉族的风俗习惯存在着较大差异。这种差

异，最明显地表现在来自信仰伊斯兰教的学生有清真饮食习惯。在这个方面，国家有明确的规定：各民族都有保持或改革自己风俗习惯的自由。那么，在预科教育培养模式创新方面，必须注意教育学生尊重各民族的风俗习惯，注意教育学生严格遵守国家的相关法律规定。

（三）预科学生信仰宗教的比例高

根据2015年10月国务院新闻办公室《中国的民主政治建设》白皮书公布的数据显示，中国现有各种宗教信徒1亿多人，① 其中约有一半是少数民族信徒，也就是说，大约有5000～6000万少数民族信徒。2010年，全国少数民族人口有1.14亿人。根据这两个数据可以大致推算出我国少数民族人口中信教的比例约为50%。全国汉族信仰宗教者，也有5000～6000万人，而全国汉族人口超过12亿，信仰宗教的汉族人口占汉族总人口的比例仅为5%左右。可见，宗教对少数民族群众的影响远远大于对汉族的影响。

民族预科学生中，有多少学生信仰宗教，有多少学生持无神论立场，目前还没有权威的数据。不过，我们可以根据全国的情况得出如下结论：宗教对少数民族学生的影响远远大于对汉族学生的影响。

因此，在讨论预科教育培养模式创新问题时，必须把宗教政策教育纳入考虑的范围。根据我国的宗教政策和相关法律规定，我国坚持宗教信仰自由的政策，信徒和非信徒政治地位一律平等，任何组织和个人，都不得强迫公民信教，也不得强迫公民不信教；政教分开，宗教不得干预国家的世俗事务，如司法、行政、教育；引导宗教与社会主义社会相适应；坚决

---

① 国务院新闻办公室：《中国的民主政治建设》（白皮书），2005年10月19日，http://news.sina.com.cn/c/2005-10-19/11208053060.shtml.

打击非法宗教和极端宗教，坚决抵制境外敌对势力利用宗教向我境内渗透。

（四）预科学生有相当部分懂得并使用本民族的语言文字

我国是一个多语言文字的国家。“我国少数民族使用的语言种类总数达到 80 种以上。”[①] 还有 30 多种少数民族文字仍在使用。这种情况决定了在考虑预科教育培养模式创新问题时，必须把我国的语言文字政策纳入考虑的范畴。要教育预科学生，认真领会并自觉坚持语言平等政策，遵守“各民族都有使用自己语言文字的自由”的政策。同时，也应该教育学生相互学习语言文字，尤其是所有学生都要学习国家通用语言文字，搭建各民族学生共同交流的平台。

（五）民族预科学生的心理方面有特殊性

有相当一部分预科学生来自边疆、农牧区、贫困地区或者少数民族聚居区，他们进入通常处于大中城市的高等学校以后，实际上往往是进入了一个相对不很熟悉的文化场域，难免会出现诸多心理上的不适应。有学者曾采用症状自测量表（SCL–90）对预科生进行了心理健康测试，发现其在躯体化、人际敏感、焦虑、敌对、强迫、抑郁、恐怖、偏执、精神病性 9 个因子分明显高于全国常模，其中前 4 个因子得分显著高于汉族学生。[②] 另外，不少预科生学习国家通用语言文字（汉语普通话）的时间较短，对古汉语的熟悉程度更浅，学习压力大，更容易导致学习焦虑。还有，一些通过较大程度降分进入预科的学生，文化基础薄弱，也是导致预科学生容易出现心理问题的重要原因。

---

① 吴仕民主编：《中国民族理论新编》，中央民族大学出版社 2008 年版，第 285 页。

② 刘珍、敬群：《少数民族预科生心理健康调查与分析》，《中国健康心理学杂志》2007 年第 8 期。

上述情况并非个案。例如，广西民族大学是整个广西壮族自治区的预科教育基地，广西境内各高校的预科生均由该校培养。该校的预科生来自11个世居少数民族，自区内24所高校，录取时有一本、二本、三本分数线，他们的生活习俗、宗教观念、个性心理极不相同，而且文化基础也差别很大。面对情况千差万别、水平参差不齐的学生，过去的做法是“一刀切”，教学要求一律，教学方法一样，结果造成了学生“吃不饱”或“吃不消”的两个极端，一些学生根本无法适应新的学习生活，更经受不起跨文化环境的冲击，不少学生因此挂科甚至不能结业。[①]

总之，在讨论预科教育培养模式创新问题时，必须紧密结合预科教育对象的实际，因材施教，才能取得最大最好的效果。脱离教育对象实际的任何所谓的创新，都不可能取得良好的效果。

六、考核评价的特殊性与培养模式创新

任何属性的教育形式，都存在考核评价制度。不同的考核评价制度，将会引导教育实践走向不同的方向。从这个意义上说，考核评价制度甚至可以说是决定培养模式的关键因素，也就是人们常说的“考试指挥棒”。为了实现预科教育培养模式的创新，我们必须重新思考预科教育考核评价制度问题。

（一）考核评价的环节与培养模式的创新

目前预科教育教学中的考核评价制度，实际上只涉及预科学生的学习过程评价和学习结果评价，即重在考察学生平时学习状况和学习结果。在这两个方面中，又更注重结果评价，即注重预科结业考试的评价。

---

① 林志杰：《论中国少数民族预科教育的定位及途径——以广西少数民族预科教育基地建设为例》，《广西民族大学学报（哲学社会科学版）》2016年第1期。

实际上，从预科教育的全部环节来看，主要是以下三个环节：

1. 入口考核评价

目前学界对预科教育入口的考核评价问题，几乎是一片空白。即使是对这个问题有所涉及的研究成果，大多只是强调要严把质量关，要提高预科的生源质量。预科生源质量，不仅仅是高考分数的问题，实际上，还涉及国家的少数民族人才培养总体战略和预科教育的定位问题。而这些问题，都跟国家的招生政策有关。关于预科教育培养模式与高考招生政策的关系问题，我们将在第十二章中详细讨论，但在这里，还是有必要先做出一些简单说明。

改革开放以来，预科教育的入口关就是高考。而高考中的预科招生问题，和国家的少数民族人才培养总体战略和预科教育的定位有关。网上公开录取政策实施后，“暗箱操作”“关系户”已经成为极个别现象，预科招生的公平性、公正性有了极大提升，生源质量也有明显提高。我们之所以要讨论预科教育培养模式创新这个问题，暗含的前提就是预科生源质量尤其是部委所属学校预科生源质量大幅的提高，原有的补习班培养模式已经不能适应生源质量的变化。可是，若换一个角度思考问题，假定国家把预科招生计划主要投放到边疆地区、农牧业地区、教育不发达地区以及少数民族聚居区，甚至规定必须在当地投档线以下 30 ～ 80 分录取，那么，预科教育的对象和生源质量都会发生重大变化。若在这种情况下讨论培养模式创新问题，我们至少不会像现在这样强调学生创新能力的培养。

2. 过程考核评价

上文已经指出，在目前的预科教育实践中，对学生学习过程的考核评价重视不够，几乎所有高校对预科生学习过程的评价，主要是通过学生参与教学的程度以及完成平时作业的数量、质量来评价的。有的学校，甚至把课堂教学的出勤率作为平时成绩的唯一标准。同时，也缺乏比较恰当的评价指标和评价体系，随意性和教师的自由裁量权较大，不够科学和规范。

实际上，学生在教育过程中的表现，不仅仅是出勤率和完成课堂作业。学生学习态度的转变、学习能力和学习方法的提升，也应该纳入过程评价的范围。在暂不考虑不同地区数学高考难度的情况下，假设在一个预科数学课程教学班级中，共有 26 名学生，分别是 A、B、C、D……Z，其数学高考成绩从 100 分向下排列，每一个等级的分差是 2 分，则 Z 的数学高考成绩为 50 分。假定预科数学难度比高考的难度提高 20%之后，从 A 到 Z 的数学成绩仍和高考成绩一样，我们可以说，Z 可能付出了更多努力。还有另外一种情况，假定经过一年的预科学习，A 的数学成绩为 98 分（第 2 名），Z 的数学成绩为 58 分（第 24 名），我们可以说 Z 付出了更多的努力，有了更大的进步和成长。从过程评价的角度讲，A 在退步，Z 在进步，我们应该给 Z 的评价要高于对 A 的评价。

3. 结果考核评价

上文已经说过，目前预科教育的考核评价比较注重结果评价。结果评价的主要依据就是考试分数，由此导致了“高分低能”现象在预科教育中比较严重地存在。从 2015 年开始，教育部开始对部委所属高校预科教育实行会考。这对规范教育教学工作有一定的积极意义。但是，我们也应该注意到，随着会考制度的推行，越来越多的学校在预科教育教学中更严重地转向知识点教育，更强调死记硬背，现在的预科教育越来越像高中应试教育的延伸，离素质教育和能力培养为重点的目标越来越远。

还应该注意到，结果评价往往是分数评价。在政治性和实践性很强的课程中，通过考试分数来评价一个学生，是不太妥当的做法。例如，教育部规定预科学生都要学习《民族理论与民族政策》课程。该课程政治性和实践性都很强，一个学生的政治立场和政治态度，不是一个考试分数就能评价得了的。一个学生若考试分数不及格，但在行动上能坚定地维护国家统一与民族团结，从结果评价的角度来说，是该给他一个不及格的评价呢，还是该给他一个优秀的评价呢？若从重视分数的角度看，只能把他的成绩写作不及格。可是，考试成绩的不及格，能不能代表这个学生的政治立场与态度呢？笔者之所以提出这样的问题，无非是想强调，要想实现培养模式的创新，必须转变唯考试、唯分数、唯结果的考核评价办法。不然，培养模式的创新只能是空想。

（二）考核评价的内容与培养模式的创新

从内容方面来看，目前的预科教育教学考核评价主要是考核学生知识面的广泛性和准确性。凡是把基础知识识记得全面和准确的学生，往往会被评价为优秀学生。这种考核评价制度，实际上是把学生当成了知识的“存贮器”。在这种教育中，学生所学习到的，仅仅是一些知识点，而能力未必有所提升。这实际上就是我国传统中所说的“识记之学”，至于学生的学习态度、进步空间、学习能力、实践能力、创新性等等，往往不在考核评价的的范围之内。要达到为本科培养和输送合格人才的目的，就必须转变预科的考核评价内容，从重“识记之学”转向注重素质与能力考核评价。

（三）考核评价的形式与培养模式的创新

从考核评价的形式看，目前的考核评价主要是根据事先设定的标准答案来判断学生掌握知识的程度。从培养模式创新的角度看，应该创新考试形式，可以增加口语考试、实践能力测验、论文写作等考核评价方法。

第八章
科研与民族预科教育培养模式创新

引言：从当今学术研究的潮流和热点看，民族预科教育研究是个孤独的领域，它远离高等教育的中心，处于学术研究的边缘领域，研究难以归入某个学科，难以找到学术交流的环境，相比于主流学术领域的专家学者能拥有众多的读者，能激起万众共鸣，引领学术潮流，民族预科教育的科研工作显得那般辛苦，那般小众。那是否意味着民族预科的科研工作没有可研究内容？或者科研工作本身就不重要呢？答案恰恰相反，本章将全面且有重点地梳理民族预科科研工作的相关问题。

从少数民族预科教育的研究内容而言，它作为中国高等教育的特殊层次，是民族高等教育的重要组成部分，其内容丰富多彩。作为民族高等教育的重要分支，其教学和管理蕴含民族高等教育的普遍规律，研究民族教育规律和高等教育规律在少数民族预科教育的运用，对少数民族预科教育将产生重要的指导意义；少数民族预科教育的长期存在及对民族地区经济社会发展产生的积极意义，不仅充分证明其存在的合理性和价值，对其自身而言，也将在办学实践中通过归纳和演绎，积淀出自身的、系统的特殊规律，这些规律是少数民族预科教育的根基和生命力，研究它就是对少数民族预科教育蓬勃发展内在驱动力的积极探寻；同时，除了理论问题外，少数民族预科教育的发展过程必然是不断发现问题和解决问题的实践过程，所以，少数民族预科教育教学和管理中不断出现的实际问题也是其从业者重要研究对象，而且这一部分是比较容易引起重视，也容易产生研究效益的。

从少数民族预科教育的研究价值而言，无论从宏观层面还是从微观层面，都有其积极意义。大而言之，民族教育是党和政府民族政策实施的重要内容，在民族教育基础薄弱的起步阶段，少数民族预科教育充当了民族教育的先行者和突击队。在中华人民共和国成立初期，率先完成了少数民族干部文化知识的普及与基础政治能力的培训。随后陆续走完了初中预科、高中预科、大学预科的发展路径，在此期间，少数民族预科教育作为特殊的教育形式，承担了党和政府赋予的重大政治任务，完成了为民族教育奠定基础并攻坚克难的任务，为全面落实党和政府的民族政策，实现民族地区经济文化社会的快速发展做出巨大贡献。在这一段辉煌的客观现实面前，研究该时期少数民族预科教育的特质，探讨这些成绩的原因、经验、教训和启示，对进一步化解民族问题，制定和执行科学合理的民族政策，推动民族地区繁荣发展将产生积极影响。具而言之，从教育者角度出发，少数民族预科教育有其独立的课程体系、教学内容、教学方法、评价机制、学生思政工作；从受教育者角度而言，少数民族预科生有独特的心理、学习方法、生活体验以及个体呈现的文化背景和基础知识等方面的较大差异；从教育阶段而言，预科阶段学制短，衔接性特征明显，具有“预”和“补”的双重功能，同时属于非学历教育。因此，进一步认识清楚这些客观对象的特征和规律，对解决少数民族预科教育过程中产生的实际问题，提高预科教育实效起到实质性的作用。

少数民族预科教育有着如此丰富的研究内容，研究意义也不容小觑。但实践中，少数民族预科教育的科研现状虽有成绩，但无论是研究成果的规模，还是研究成果的质量和影响力都不尽如人意。

一、少数民族预科教育科研现状

（一）成绩

1. 著作情况

读秀电子图书输入“预科”作为书名检索，搜索显示图书106种。其中，大多为少数民族预科教育选用的教材和有关留学的英语预科教材，例如金正国编著《大学预科数学》①、宫东风主编《雅思预科语法》②；其次为出版的论文集，例如中央民族大学预科部编《预科教育50年》③；对少数民族预科教育的理论与实践进行研究的专著只有易先培主编的《中国高等学校少数民族预科及民族班教育研究》④和武金峰著的《新疆高校民族预科教育研究》⑤两本。

2. 论文情况

中国知网输入“预科”作为篇名检索，搜索显示1468条结果。从来

---

① 金正国编著：《大学预科数学》，大连理工大学出版社2011年版。

② 宫东风主编：《雅思预科语法》，北京图文出版公司2002年版。此类书籍在搜索中占较大比例，但不属于本文讨论的少数民族预科教育科研成果。

③ 中央民族大学预科部编：《预科教育50年》，民族出版社2003年版。其他一些少数民族预科举办单位也有类似论文集。

④ 易先培主编：《中国高等学校少数民族预科及民族班教育研究》，红旗出版社2010年。

⑤ 武金峰著:《新疆高校民族预科教育的理论与实践》，新疆人民出版社，2011年12月第1版。

源数据库看，中国数据期刊网络出版总库 1089 篇，特色期刊 247 篇，博士学位论文全文数据库 3 篇，优秀硕士学位论文全文数据库 42 篇，中国重要会议论文全文数据库 16 篇，国际会议论文全文数据库 4 篇，中国重要报纸全文数据库 66 篇，这表明少数民族预科教育问题得到各级各类期刊杂志的关注，甚至成为博士、硕士研究生的论文选题；从研究层次看，基础研究 879 篇，高等教育 93 篇，政策研究 11 篇，行业指导 98 篇，这显示有关少数民族预科教育的研究成果从基础研究到应用，再到政策咨询，都颇有收获；从获得基金支持看，全国教育科学规划 13 篇，国家社会科学基金 9 篇，国家自然科学基金 1 篇，其他省部级基金共计 8 篇，这反映少数民族预科教育的科研活动得到一定的经费支持。①

3. 学术活动情况

少数民族预科教育界举办了一些有影响力的会议，包括少数民族预科教育教学的重大问题，比如，教材的选用、预科教育改革、预科交流平台建设、预科教学与科研工作探讨。具体有：国家教委民族教育司、国家民委教育司于 1994 年 11 月 7 日至 10 日在武汉市召开的全国高等学校少数民族预科基础课程教材修订会议②；1996 年 5 月，国家教委民族教育司、国家民委教育司联合在广西民族学院召开的普通高等学校少数民族预科教育改革工作会议；2007 年 12 月，全国普通高等学校民族预科教育教学研讨会暨中国少数民族教育学会高等学校民族预科教育研究分会筹备会③；2011 年 10 月，预科教育科研工作高峰论坛在中南民族大学举行；2012 年

① 数据来源自中国知网自动统计结果。

② http://china.findlaw.cn/fagui/p_1/183188.html。

③ http://www.gxun.edu.cn/show.aspx？ id=6889&cid=17。

10月，“2012年普通高校民族预科教学工作研讨会”在黄河科技学院隆重举行[①]；2012年12月，中国少数民族教育学会预科教育专业委员会成立大会在宁夏大学举行；2013年4月，国家民委直属高校预科教育协助会议在中南民族大学召开[②]。除此之外，国家民委和教育部民族教育司经常举办预科工作专题会议，并组织一些专题培训；国家民委直属高校民族预科教育机构和教育部预科教育基地之间几乎每年都举办交流会议，相互调研学习。

少数民族预科的科研得到较好的发展，对预科的教育教学产生了很好的促进作用，为制定和完善少数民族预科教育政策提供了支撑。这些成绩的取得主要有以下几方面原因：一是党和政府高度重视民族预科教育，民族预科教育主管部门更是不遗余力为预科教育的发展提供政策保障、行业指导和经费支持；二是预科教育专业委员会的成立为民族预科教育提供了交流平台，在长远意义上将促进民族预科教育更加开放和健康发展；三是民族预科教育依托学校的大力投入。从市场角度而言，民族预科教育典型特征是教育投入高、产出少。即便如此，民族预科依托学校都很好地履行了自身义务，尽可能为民族预科教育的发展提供最大化的支持，这些支持包括师资、经费、政策倾斜等；四是一代代预科教育工作者的辛勤耕耘。民族预科教师面临教学任务重、基础学科开展科研难等困难，但他们除了很好地完成教育教学工作，更是把眼光投向民族预科发展过程中遇到的理论问题与实际问题，投向民族预科发展的方向与远景，完成了很多基础研究，产出了很多创新性成果。

---

① http://www.hhstu.edu.cn/news/contents/50/5657.html。

② http://www.mzb.com.cn/html/Home/report/396291-1.htm。

（二）存在的主要问题

就少数民族预科教育本身而言，取得上述研究成果实属不易，但综观研究现状，对少数民族预科教育研究的深度和广度仍不够；与高等院校其他专业比较，少数民族预科教育的科研依然显得很薄弱。少数民族预科教育科研存在的主要问题表现如下：

1. 科研规模较小，不能回应民族预科教育发展需要

从前文的统计来看，有关少数民族预科教育的专著只有 2 本（当然还有一些研究民族教育的著作也对民族预科教育有专章专节的研究），其他主要为教材和论文集，论文仅有千余篇。这种科研规模，对少数民族预科这一客观对象而言，显得过小。

第一，综观现代少数民族预科发展历史，已有 60 余年，如果从近代满蒙预科起算，少数民族预科教育已存在100余年。在这漫长的发展过程中，少数民族预科教育一定有很多历史积淀，包括民族预科发展历程、经验教训、政策变迁、历史功效以及对预科发展的启示等，这都为少数民族预科科研活动开展提供宝贵素材。

第二，少数民族预科这一特殊教育层次涵括学科门类多，包括文学、数学、外国语、哲学、计算机、物理、化学、历史、地理、经济等基础课程，如果能将课程特征与预科教学紧密结合，一定可以产生高质量研究成果。

第三，目前，少数民族预科生每年招生规模保持在 4 万人左右，其中中央部委高校的预科生有 6000 ～ 7000 人，如此规模的在校生群体，而且这些学生来自少数民族地区的 55 个少数民族，应该引起教育主管部门和预科教育工作者的高度重视，对其开展认真的科学研究，提高少数民族人才培养质量。

第四，少数民族预科教育有典型性特征和规律，科研价值较高。民族预科教育的学制、课程设置、培养模式、教育教学方法、生源特征都不同于本科，通过科学研究，掌握少数民族预科教育本身和教育对象的规律，达到教学与科研相长的目的。

2. 研究深度不够，缺乏标志性成果

目前，虽然少数民族预科整体规模不小，但又分为专科预科、本科一年制预科、本科两年制预科、研究生预科等多个层次，细分下来，每个层次的规模就不是很大，每个层次预科教育从业者就不多，再具体到教研室，每个教研室老师数量就更少，所以科研力量非常有限。

虽然绝大部分高校都招收少数民族预科生，但不是每个学校都自行培养预科学生，基本是由一些专门的少数民族预科培养机构委托培养。少数民族预科办学机构也分以下三类：国家民委所属民族高校设立的预科教育院部；教育部设立的少数民族预科教育基地；地方所属院校设立的预科培养基地[①]。这些办学机构所在区域不同，生源不同，接收的预科层次不同，承担的预科教学任务不同（有的只承办一年制预科，有的要求双语教学承办两年制预科），所以，虽然都是少数民族预科教育，但实际上区别是很大的，因为这种区别，这些预科教学机构之间交流的驱动力不强，交流的成效也有限，较多和较好的交流往往发生在一些相似度比较高的少数民族预科教育机构之间，比如国家民委所属的几所民族高校预科教育院部之间，少数民族预科教育基地之间。同时，“预科教育专业委员会”这一交流平台也是在 2012 年才正式成立，目前组织开展的交流活动有限（基本每年一次）。因此，少数民族预科教育界因为交流少，碰撞出的火花少，达成

① 第一类如中南民族大学预科教育学院；第二类如江西赣江职业技术学院民族教育学院；第三类如吉首大学民族预科教育学院。

的共识不多，没有形成合力，没有很好地找出少数民族预科教育科研的着力点和突破口，在联合科研的组织实施上更是大有可为。

再仔细研究少数民族预科教育的科研现状个人的、分散的科研行为占绝大部分。研究者各自关注少数民族预科教育的一些点，没有把预科教育作为一个整体来看待，缺乏系统性的研究（只有2本专著就是很好的证明）。因为只关注各个点的问题，没有发现点之间的联系和联动，既很难把这个点存在的问题研究透彻，也难较大幅度地影响整个少数民族预科教育，所以很难出标志性的研究成果。

因为少数民族预科教育的绝对规模还是很小，在社会上的影响力不大，报纸、杂志和出版界对它的关注也不够。笔者在多个场合听到预科教育研究者反映：他们的研究成果很难发表，特别是难发表在高级别的刊物上，有时刊物会要求更改文章标题，更改作者所在单位，理由是更改后便于发表。也许刊物有其自身发展的要求，但从侧面可以反映出少数民族预科教育不受重视，社会各界对少数民族预科教育的支持和投入的力度尚待加强。

从已有研究的技术手段来看，研究方法和研究角度不够丰富。有的论文通过结构式访谈、问卷调查等方法获得第一手数据，并能对数据做有效深入分析，能够从对个别对象的研究归纳出事物的本质属性和发展规律，从而对一般事物都产生指导意义。[①] 有的论文能运用数量统计、数据库等方法对研究对象开展数理实证研究，将复杂的研究对象清晰化，使得研究

① 例如：蒋永红、党波涛：《民族预科生学习动机调查研究》，《华中师范大学学报（人文社会科学版）》2011年4月第1期。作者对2007级少数民族预科生、往届预科生、从事预科教育的教师及专家，就民族预科生的学习动机问题，采用了单独谈话、座谈和问卷调查等方法进行调查研究，通过获得的数据，深入分析了民族预科生学习动机的类型、特点、成因及对策。

成果更真实和有说服力。[①] 还有的论文能从民族预科教育所涵盖学科以外的学科角度开展研究。[②]但整体而言,已有研究从实证研究角度开展的不多,取得的一手研究数据非常少,同时“在分析论文的过程中,……实证研究的理论归纳程度较浅,非实证研究的说教意味太浓”。[③] 研究的学科角度主要集中在汉语教育、教育学、社会学,跨学科和交叉学科研究很少。

3. 对理论问题关注不够,科研着力点有待调整

已有研究的注意力比较集中在一些具象问题。从受教育者的角度主要是从少数民族预科生的思想政治教育、心理健康、学习生活适应等方面开展;从教育者角度主要是从预科发展历史、办学模式、课程设置、教育教学方法、学生管理等方面进行。

诚然,对这些具象问题的研究是很必要的,也解决了民族预科教育管理过程中的一些问题,但仅仅停留在具象问题是远远不够的,埋头走路的同时应抬头看方向。也就是说,少数民族预科教育界应对理论问题有足够的重视。

理论问题中,少数民族预科教育在新的历史时期的定位、民族预科教育在贯彻落实民族政策中发挥的功用、民族预科教育的改革发展与本科教育的关系、民族预科教育培养模式的创新等都是比较紧要的问题。只有对这些大的、深层次的问题有了比较好的研究,才能回答和解释民族预科教

---

① 李宁银:《中国民族预科教育研究文献计量分析》,《民族教育研究》2009 年第 5 期。研究者筛选出 623 篇民族预科教育研究文献建立数据库,就文献的年度分布、学科视角、研究方法、文献发表期刊的离散状况等方面进行了数量统计,使得 1979—2008 年间民族预科教育科研文献的特征一览无余。

② 郑雪松:《少数民族预科教育研究——以中央民族大学预科教育为个案》,中央民族大学博士学位论文,2011 年 3 月。论文借鉴文化再生产理论、最近发展区理论等基础理论,采取历史学的文献收集、教育学的比较研究、人类学的田野调查等方法,进行了跨学科研究。

③ 李宁银:《中国民族预科教育研究文献计量分析》,《民族教育研究》2009 年第 5 期。

育存在的必要性，才能证明民族预科教育发挥的积极意义。[①]

4. 科研成果应用性不强，对政府咨询服务不够

少数民族预科教育研究成果的应用性不强是多方面原因造成的，既有客观原因也有主观原因。

客观方面，因为民族预科教育的规模和影响力问题，科研主管部门对该领域的关注和规划较少，一些较高层次的研究项目几乎从不发布民族预科教育研究相关的课题（可喜的是，荣达教育资助基金在 2013 年的民族教育研究课题指南中大量发布民族预科教育相关课题，这是对民族预科教育科研长期忽视的一次集中反馈，也是民族预科教育处于科研重大攻关时期的强烈信号），自然民族预科得到项目资助的概率就小。其次，从市场需求的角度来看，少数民族预科科研成果的市场经济价值有限，市场投资选择的意愿就小。同时，民族预科教育规模小，科研成果的应用渠道不宽，很难产生规模效应，投入与产出很难成正比。

主观方面，研究者在研究过程中对现实问题关切不够，过多地采用“空对空”的说教、呼吁形式，缺乏对研究对象一手资料的收集整理，没能进行严密理性的推理论证，发现问题后没有提出科学的解决方案和进行可行性论证。正因为如此，民族预科教育的前沿问题是什么，突破口在哪里等问题依然是其科研必须解决的首要问题。特别值得一提的是，对于民族预科教育的科研活动而言，为政府提供政策咨询服务是它本身最重要的一个应用价值所在。研究者应该很好地将民族预科教育的历史与现状、存在的

① 目前，有人在思考全国经济文化得到普遍发展后教育公平的问题，思考教育水平大幅提高、地区差异逐渐缩小后民族预科教育的功能问题，有声音开始质疑新时期少数民族预科教育存在的必要性。这种质疑显然与少数民族预科教育教学中存在的一些问题有很大关系，也反映出少数民族预科教育界对民族预科的一些理论问题研究不够，解释不够，改革与创新不够。

问题、原因与对策、发展方向等方面客观及时地反映给决策部门，为决策部门在完善民族政策、改革民族教育等重大决策中提供材料支撑。从更小的角度，可以为教育主管部门调整民族预科招生政策、培养模式等具体问题提供参考意见（而现实中，我们很难找到一篇有关民族预科教育的高质量的调研报告）。民族预科教育科研的应然与实然之间存在巨大差异，由此引发对民族预科教育科研更加不利的恶性循环。

二、少数民族预科教育科研滞后原因分析

（一）科研意识淡薄

从客观上看，少数民族预科教育科研的外围条件不够理想，导致部分教师科研态度不积极。从科研项目来看，民族预科教育的科研不容易获得立项，现在的科研基本是以项目形式支持，不能立项则没有经费支持，由此产生“难立项—无经费—无前期成果—难立项”的恶性循环。从科研成果来看，有关少数民族预科教育的成果很难在高级别刊物上发表，很难获得科研评奖，很难实现成果转化，热点不够很难引起大众关注，面对重重困难，科研积极性自然受到抑制。

从主观上看，部分教师没能掌握好教学和科研的关系，主观上对科研工作不重视。部分教师认为在预科好好教书就行，科研是费力不讨好的事，甚至认为预科没什么值得研究的问题；部分教师认为预科是大学里边缘化的单位，长期以来得不到重视，在工作上也逐渐放松了对自己的要求，不求出成绩，但求不出乱子。这些情绪一旦出现和蔓延，对营造良好的科研氛围是极大的破坏，不利于形成竞争性局面。

因为考核机制问题，部分教师科研有明显的功利性。有的教师搞科研

是为了完成学校给教师设置的年度科研任务；有的教师搞科研是为了达到职务职称晋升所要求的科研指标；有的教师搞科研则是为争取科研经费实现经济利益。这些都是教师进行科研的动力所在，但基于兴趣的科研，以提高学术水平和能力为目标的科研显然是更健康的科研意识，也将产生更持续的科研热情，更有可能产生高质量的科研成果。

（二）科研力量薄弱

少数民族预科作为一个特殊的教育层次，在高校的建设体系中时常处于尴尬位置，得到的科研资源相当有限。高校基于学科建设的考虑，会对一些优势学科进行大规模投入，比如人才引进、实验室建设、重大科研攻关等，民族预科教育显然不在其列，没有科研能力强的人才，没有基础性设备设施，没有科研团队，没有研究基地，巧妇难为无米之炊。甚至连一些周期性的学科建设规划和专业建设评估，都没有将民族预科教育纳入其中。[①] 比如，在前几次高校评估工作中，就没有把预科作为评估对象，没有评估压力，相关的投入就会少，建设的动力就会弱，更谈不上以评促建。近年来，有人呼吁组织专门的预科专业建设评估，个人觉得这期间要走的路还很长，抛开少数民族预科教育机构之间的一致性很差不谈，厘清谁组织、评估内容和标准是什么、评估结果如何运用等问题都非一日之功。

少数民族预科教育的科研互助不足。第一，在现代科学研究中，学术带头人的作用是很关键的，而预科教育界正缺乏科研能力强的学术带头人，很不利于寻找科研热点，制定系统的科研体系，规划科学的科研路径。第

① 在专业建设支持方面中南民族大学有比较好的做法。中南民族大学将预科教育分为文科和理科两个专业建设扶持对象，等同视为学校的两个专业，按照学校专业建设相关规定，每个建设周期拨付一定金额资金予以资助，在每个周期内按建设目标进行考核。

二，预科研究者也处于离散状态，多半研究活动是单打独斗，没能形成科研团队。科研团队之于科研，不只是科研人数的增加，更是学科视角、研究方法等方面的丰富，这将几何级地加强研究力量。第三，科研机构对民族预科教育的科研工作也是有促进作用的，目前可依托的科研机构少。科研机构有一定的建设规划，在每个建设周期里有既定的研究任务和目标，有一定的支持体系。研究任务和目标将促使研究者投入更多的研究精力，限时保质保量地完成科研活动，而稳定的支持体系能为科研提供持续的基础性的帮助，为科研的最终完成提供保障。第四，校际科研交流不够。目前，少数民族预科教育界校际交流主要是预科教育机构之间自发联系的一些调研和互访活动，这些活动对民族预科界互通有无，相互取长补短，交流借鉴经验起到了重要作用。近年也有民族预科教育主管机关召集的一些会议，这些会议都会有既定的主题，或者是以某些特殊事件为背景，但是，为民族预科科研工作专门召开的会议少之又少。随着预科教育专业委员会的成立和完善，将会在民族预科校际交流的组织协调、主题设计、议程规划、结论反馈等方面发挥作用，提高校际交流的效率，开拓科研视野。

从个体角度而言，民族预科教育的教师长时间把主要精力投入课程教学和课后辅导中。某高校预科教育学院，考虑到部分地区的学生在预科以前完全没有学习过英语，决定在常规的预科英语课程以外，向学校教务管理部门申请，开设免费的英语基础辅导课程，从最基础的知识开始教授学生。这些增设课程是英语教师教学任务以外的工作，基本需要利用晚上和周末的时间完成，而且是不同于以往教学的全新课程，备课压力大。在有些高校，甚至因为学生管理和其他行政人员配备不足，很多教师还身兼数职，其他事务性工作耗费教师大量精力。因为无法保证在科研方面的时间投入，不能保持对前沿问题的持续关注，科研产出越来越低，久而久之，预科教师的科研能力减弱。

（三）基础学科科研难做

从少数民族预科教育的课程设置来看，目前基本是以语文、高数、外国语、政治、计算机等课程为必修课，再根据文理分科，分别给文科学生开设历史、地理，给理科学生开设物理、化学等选修课程。

第一，相对应用型学科而言，这些基础课程科研难做。首先，基础学科研究要求科研人员有非常扎实的基础理论知识，否则在已有研究基础上很难有突破，因此教师的科研热情很难激发和保持。其次，基础学科的研究工作已经开展得比较广泛，很难找寻热门选题，而选题恰恰是科研特别重要的环节，没有好的选题就难以得到科研基金的支持，没有经费支持科研更难开展；再次，基础课程科研成果的应用性不强，发挥效应的面比较窄，难产生较大社会影响并得到社会认可，教师科研动力不足。

第二，从少数民族预科教师追求的教学目标来看，主要是要进一步夯实学生文化基础，开阔专业视野，为学生本科学习做好准备。要实现这一目标，需要教师将大量时间用于备课、课后辅导等教学环节，不利于教师开展科学研究。

第三，从学生课程学习的动机来看，预科学生主要是为了缩小基础知识的差距，熟悉大学的学习模式，并争取选个好专业。在短短的一年或两年学习中，因为是非学历教育，甚至没有毕业论文和毕业设计环节，学生无须老师提供研究创新方面的指导，所以学生对老师科研方面的促进不大，与老师进行科研互动的潜在要求不高。

三、科研与民族预科培养模式创新

少数民族预科教育开展60多年来，研究工作相对滞后。研究工作主要集中在20世纪80年代后期，而且主要是从事预科教育的教师、管理人员和少数的科研人员自发开展一些研究工作，取得了一定成果，但是还不够。从长远来看，远不适应民族预科教育的办学需要。

教学与科研相互促进是高等教育的内在规律，符合高等教育发展的逻辑。随着高等教育竞争形势日益激烈，高水平的科研逐渐成为一流大学的标志和优势所在。通过科研加强学科建设，通过科研提高教学水平，教学与科研协调发展已是大势所趋。科研之于少数民族预科教育的重要性不言而喻，特别是接下来民族预科教育要走向纵深，要获得健康可持续的发展，各项工作要推进，研究是基础，无论是理论研究还是实证研究，都是工作的基础，科研是不可或缺的动力源。所以，少数民族预科教育作为高等教育的组成部分，其办学应尊重高等教育普遍规律，应高度重视科研工作的重要性。

2012年全国教育工作会上颁布的《国家中长期教育改革和发展规划纲要（2010—2020年）》（以下简称《纲要》）对于少数民族教育来说，迎来了春天。民族教育的地位和作用被提到前所未有的高度。在《纲要》中，专门用一章的篇幅对民族教育进行规划，这是首次；而且其中有几段话对民族团结教育、双语教育、全面提高质量、重视支持民族教育分别做出明确规定；在《纲要》后面本届政府十大工程中，就有一项是发展民族教育，这体现出中央对民族教育的重视。

综观当前高等教育的发展形势，少数民族预科教育可以借现阶段全国高校“重科研”的东风，改变预科界“重教学轻科研”的固化思路，扭转科研薄弱的不利局面。要实现这一目标，除了呼吁政府对少数民族预科教育多给政策支持和经费支持钱，呼吁所在学校进一步重视民族预科教育机构的发展，呼吁从事预科教育的教师加强科研意识，重视科研工作，笔者认为，核心问题是预科教育的科研应找准民族预科教育面临的理论与实际问题并紧紧围绕这些问题做系统性研究。

那么，民族预科教育急需解决的理论和实际问题是什么？民族预科科研工作的出路在哪里？

（一）少数民族预科教育的定位问题（也可称性质）

民族预科教育虽然发展了60多年，但在实际工作中，其定位是有争议的。从目前形势来看，民族预科教育研究人员应着力回答少数民族预科教育是什么。民族预科教育的定位不明确、不清晰已经是影响民族预科教育根基的大问题。所以，民族预科教育科研工作第一突破点是理顺有关民族预科教育定位的争议，以及这些争议产生的影响。

争议一：少数民族预科教育的的层次问题。有观点认为，少数民族预科教育是高等教育的组成部分，是高等教育的特殊层次；也有观点认为，少数民族预科教育只是学历教育的附属物，不属于高等教育层次。这一争议，最根本地影响到民族预科教育的政策制定。比如，经费支持方面，有些财政拨款，本科生、专科生能享有，但预科生没有；再如，学籍注册问题，学生在预科期间竟然不能在教育部主管的学籍平台注册，导致不能享受国家的资助、银行的贷款，甚至不能享受火车票半价。差异化对待的原因归根结底就是不承认民族预科教育是高等教育组成部分。鉴于目前政府依然是中国高等教育的投资主体，如果把民族预科教育既排除在高等教育之外，又不享受中等教育的一些政策，其发展所能达到的规模和高度都是得不到基本保障的。

争议二：少数民族预科教育的培养问题。由于受争议一的影响，争议二的问题之一是：民族预科教学究竟是立足于高中模式的知识传授？还是立足于大学模式的科学方法培养？抑或兼顾知识传授和科学方法培养？培养方法的选择将影响其课程设置、教材选择等多个方面。问题之二是：由于民族预科也是采取高分优录的阳光招生政策，近年来生源质量大幅提高，很多一本院校招收的民族预科生都高于当地一本线，但同时，因为地区间教育资源差异依然很大，同一层次的民族预科生间基础差距很大（见表8–1[①]），所以，在民族预科生的培养过程中部分学生觉得教学内容陈旧，部分同学感觉难度大跟不上。厘清这两个问题，将有利于调整民族预科的招生政策和培养方案。民族预科应该招哪类型生源，关键在于把握好教育公平理念下的高分优录与民族政策中的教育扶持之间的平衡。生源状况是制定民族预科教育培养方案最核心的参考要素，分班教学、因材施教只是些技术手段。同时，弄清楚民族预科教育教学的现状，是预科教育进行改革创新的起点。因此，科研在此方面的影响不容小觑。

表 8–1　各地区本科与预科录取线

地区	批次	文史类			理工类		
		批次线	本科录取线	预科录取线	批次线	本科录取线	预科录取线
广西	一本	519	527	522	506	506	504
河南	一本	562	562	549	582	582	576
湖北	一本	547	552	549	571	575	565
内蒙古	一本	486	462	474	482	423	482
西藏	一本	315	317	308	270	274	245
新疆（民考汉）	一本	413	441	441	417	418	417
云南	二本	465	500	453	380	465	398
广东	二本	536	506	495	504	473	460
安徽	二本	510	532	528	477	493	493
宁夏	二本	463	472	461	444	444	463
山东	二本	512	493	510	503	490	500
重庆	二本	504	523	491	479	479	465
四川	二本	473	479	423	448	451	384

① 资料来源：中南民族大学招生网，http://www1.scuec.edu.cn/xsc/zs/view.php？ id=509。

续表

地区	批次	文史类			理工类		
		批次线	本科录取线	预科录取线	批次线	本科录取线	预科录取线
福建	二本	473	533	519	460	511	526
黑龙江	二本	462	472	504	465	479	448
江西	二本	484	484	479	474	477	471
吉林	二本	437	505	461	443	450	444
辽宁	二本	475	481	478	452	452	446
海南	二本	595	655	626	548	579	564
贵州	二本	446	509	491	376	431	405
青海	二本	380	400	370	331	335	303
湖南	二本	528	574	551	492	534	516

由表 8–1 可见：有些地区预科录取线高于本地本科线，如广西文史类、湖北文史类、新疆文史类、云南理工类、安徽理工类等；录取的批次有一本，如广西、河南，也有二本，如云南、宁夏；录取分数从 200 多分到 500 多分，如河南理科 576 分、内蒙古文科 474 分、四川理科 384 分、西藏理科 245 分。

争议三：新形势下少数民族预科教育的功能问题。受争议二的影响，民族预科生部分生源的分数高出二本线很多，甚至高于一本线，完全可以直接进入本科学习，学习能力与本科生也毫无二致。那么，有人质疑民族预科教育对这部分学生的意义究竟在哪里？预科阶段补习文化基础的课程对他们究竟有多大作用？培养的结果究竟是少数民族教育优惠政策的实现还是教育资源的浪费？面对新形势下对少数民族预科教育功能的质疑，科研工作者在两方面正展开工作，部分学者在探讨少数民族预科教育接下来怎么办，部分学者在探讨少数民族预科教育为什么还要办，唯有墨守成规者将失去市场。

（二）少数民族预科教育招生政策的执行与优化

目前少数民族预科是施行的“阳光招生政策”，根据《普通高等学校少数民族预科班、民族班招生工作管理规定》，按照本科预科录取分数线不得低于在有关省、自治区、直辖市本科相应批次各有关高校提档分数线以下80分，专科预科班录取分数线不得低于在有关省、自治区、直辖市专科相应批次各有关高校提档分数线以下60分的标准，对民族地区的少数民族学生进行高分优录。这一政策执行以来，出现了以下一些问题。

问题一：优惠政策为何成部分人的教育特权？中央民族大学预科教育学院吕炳丽院长2011年在中南民族大学出席“预科教育科研工作高峰论坛”时表示：中央民族大学近3年以来80%的生源来自大城市，80%以上的学生高考英语和数学分数100分以上，80%以上学生家庭出身是公务员，教师等。中南民族大学2009—2011级预科学生中，应届和往届城市学生占55%以上。很显然，目前民族预科教育已成为部分人的教育特权。这一现象的出现，使得民族预科教育出现很多研究课题：第一，民族预科教育作为少数民族享有的一项优惠政策，过多城市生源在已经享受优质的教育资源基础上又在享受国家优惠的招生政策，这对于其他非少数民族学生和边、远、农、牧、寒区的少数民族学生而言，是不是教育不公平？这种不公平对少数民族预科教育本身以及其他民族政策会带来什么影响？这种招生政策对被录取的考生和因此而不能被录取的考生造成什么影响？第二，大量优质生源进入民族预科接受教育，对民族预科教育教学工作带来什么样的挑战？是不是意味着补习基础知识的传统模式要彻底抛弃？抛弃传统培养模式后预科教育阶段的价值如何体现？因此，探讨清楚目前出现的与预科教育的初衷相违背的现象，是解决民族预科教育一些表象问题的钥匙。

问题二：如何落实重点招收边远农村、高寒地区、山区、牧区的考生？教育部规定本科预科录取分数线可在低于有关省、自治区、直辖市本科相应批次各有关高校提档分数线80分以内，专科预科班录取分数线可在低于有关省、自治区、直辖市专科相应批次各有关高校提档分数线60分以内。这一规定，有利于落实“重点招收边远农村、高寒地区、山区、牧区的考生”的文件精神，这本是少数民族预科政策的初衷。而事实上，越来越多的城市生源进入预科学习，本应重点招收的生源比例却急剧下降。基于这一问题，产生了很多研究内容：第一，在现有高分优录的“阳光招生政策”下，制定什么样的预科招生政策才能确保重点招收边远农村、高寒地区、山区、牧区的考生？新的招生政策如何与“阳光招生”政策保持一致？第二，如果能实现重点招收边远农村、高寒地区、山区、牧区的考生这一目标，预科新生与本科新生的差距会不会拉大？预科教育阶段做怎样的改革才能有效缩小这种差距？预科教育阶段的这种改革会不会导致预科教育继续保持高中知识补习班的模式？如果预科阶段不能缩小差距，会不会导致高校招收民族预科生的积极性降低，导致民族预科规模缩小？

（三）少数民族预科生的教育与管理问题

这其实包括两大问题，一是涵盖民族预科课程设置、教材编写、考评体系、师资队伍建设等教育问题；二是包括学生资助、学生发展辅导、日常事务管理、民族团结进步教育、安全稳定等管理问题。

关于少数民族预科教育方面的问题，先以中南民族大学2011级预科生高考录取分数为样板进行简单分析：2011级预科文科高考录取分数最高的是海南，626分，最低的是西藏，308分，差距在一倍以上，绝对差为318分；理科高考录取分数最高的是河南，576分，最低的是西藏，245分，也相差一倍以上，绝对差是331分。这种差距可能由于高考制度的不同而缺乏可比性，但教育水平高的省份湖南、河南、湖北、安徽、广西、福建、山东、黑龙江高考成绩均在500分以上，而青海、西藏学生只有300多分，这种整体性差距是十分明显的。然而，这些分数差距巨大的学生是按照同样的培养方案、课程、教材、教法、考试评价体系在预科接受教育的。那么问题就出现了：统一的大纲、统一的教材、统一的进度、统一的教学内容、统一的考试与评价是否适合不同水平的学生？如果不适合，如何针对不同水平的学生落实教育部“突出重点、加强基础、兼顾专业”的要求？在因材施教的理念下，预科阶段如何在基础知识掌握和科学方法传授两方面实现平衡？分层教学是解决生源差距巨大的唯一方案吗？分层教学的规则问题：包括分层的标准、分层后教学的标准、最后考试评价的标准。同时，还要预测分层教学会给民族预科教育带来什么新问题。师资队伍的建设是个大问题，因为高水平的师资才能办出高水平的预科教育。师资队伍建设包括教师队伍数量发展、质量提高、考评与职业发展等问题，甚至有的民族预科教育机构没有单独的师资队伍，是和本科院系共享教师资源，这更是从无到有。科研薄弱是预科师资队伍需要突破的问题，科研不仅关系到教师的职业发展，更关系到整个民族预科教育事业的发展。

关于少数民族预科生的管理问题，已有研究比较多，但普遍特点是现象描述多、原因分析多，解决方案少。预科生的管理是个系统性工程，既关乎教育主管部门制定的有关政策，又关乎民族地区的稳定与发展等时事形势，还关乎少数民族学生的特质及成长发展规律。在学生资助方面，很多少数民族预科生没有享受国家层面的奖、助、贷及其他高等教育优惠政策，有部分预科生在高校自主权范围内享受了部分资助，这样的资助力度与少数民族预科教育是高等教育组成部分这一客观事实是不匹配的，也不能帮助来自边远农村、高寒地区、山区、牧区的贫困学生解决好经济困难问题。那么，研究者可以开展调研，用翔实的调研成果说服政策制定机关，为民族预科争取更多的财政经费支持。在学生辅导方面，预科虽然短暂但特别重要。学生在预科期间需要完成由高中到大学的转型，适应独立的大学生活，掌握自主的大学学习方法，养成良好的学习习惯和生活习惯，为本科学习打下坚实基础。那么，研究下列问题就显得迫切且关键：少数民族预科学生的特点是什么？学生在此期间的发展目标是什么？教师在哪些方面加强辅导更有利于学生全面发展？在民族团结进步教育和安全稳定方面，加强少数民族学生的国家认同感、中华民族认同感，不仅是当前特定形势下需要强调的问题，更是培养合格的社会主义建设者和接班人的要求。少数民族预科生的民族团结进步教育和安全稳定涉及的内容既抽象又具体。抽象的有民族文化、民族政策、宗教信仰等与少数民族学生的感受、认知、价值判断相关联的问题；具体的有寝室文化建设、班级管理、学生骨干培养、应急体系建设、教育活动形式和载体的选择等与学生预科阶段成长、发展相关联的问题。这些问题既需要开展独立研究，更需要交叉、立体研究。

四、结语

探寻少数民族预科教育的特殊规律，创新民族预科培养模式，推动民族预科教育更好更快发展，离不开科研的引领和促进。目前，民族预科的科研甚是薄弱，原因是错综复杂的，但同时也意味着科研的潜力和空间巨大，只要预科科研工作者富有改革和创新意识，紧抓民族预科发展的前沿问题、热点问题，运用科学的研究手段和方法，形成研究团队力量，进行多学科系统研究，民族预科的科研工作一定能快出成果，能出标志性成果。

第九章
民族预科学生心理与培养模式创新

民族预科教育一项重要目标就是引导少数民族预科生进行心理调适，适应新的社会环境和文化氛围。少数民族预科生的心理调适不仅是因为其人格因素有特殊性，更是一个文化适应的过程。本章旨在通过了解少数民族预科生心理健康状况，改革预科教育培养模式，开创有针对性的心理健康服务，促进学生的能力发展。

一、少数民族预科生心理特征

（一）普遍性心理特征

解亚宁等采用症状自评量表（SCL-90）对少数民族大学生与汉族大学生心理健康水平做过对比研究，研究表明：少数民族大学生心理问题发生率与汉族大学生相近，但少数民族大学生的症状因子均数要高于汉族大学生，在不同的症状因子中，分数较高的症状主要有强迫、人际敏感、抑郁偏执等。[①]

常永才在一项内地高校少数民族大学生的心理卫生的调查中指出：少数民族大学生心理适应问题与汉族学生基本一致，但症状因子的分值排序有较大区别，少数民族学生偏执因子排序明显高于汉族学生，而且在强迫症状、焦虑、人际敏感和精神病性等方面得分明显高于汉族学生。[②]

虽然这些症状因子的名称并不能代表对症状的诊断，但作为心理卫生的具体指标，能在一定程度反映出症状因子所对应的心理卫生水平的差异和变化，能反映出症状的有无和对心理卫生的实际影响程度。少数民族预科生基本具有前面两个调查中内地少数民族大学生所反映的心理特征，而且，因为学生所处学习阶段的特殊性和环境的巨大变化，有些特征更明显，比如人际敏感。甚至还具备其他一些较明显的心理特征，比如不自信。

笔者工作中与民族预科生长期接触，对他们在日常学习生活中表现的心理特征进行了一些整理归纳：第一，乐观。对艰苦困难环境的耐受能力强，也更容易满足和感受到快乐。学生很少对学校食宿等条件进行挑剔选择，平时生活也简单朴素，对身边事物的一点小小的改善都会极力肯定，不吝称赞；第二，敏感。对外界反馈的信息有更快和更强的反应。比如，对表扬和鼓励能产生更持久的动力，并由此无条件地认可一个人或一件事，相反，当遇到外界不经意的冷落和批评时，也更容易产生消极情绪，并且同样影响深远；第三，诚信。在意外界的评价，重视自己做出的承诺，对认定的事物表现出非同一般的执着，个体会表现出某种稳定的为人处世的风

---

① 解亚宁、龚耀先、张育昆、金雪梅：《少数民族大学生与汉族大学生心理健康水平的比较》，《中国临床心理学杂志》1993 年第 1 卷第 1 期。

② 常永才：《内地高校少数民族大学生心理卫生状况 SCL-90 测量与分析》，《中央民族大学学报（哲学社会科学版）》2001 年第 5 期第 28 卷。

格；第四，感性豪爽。语言表达直爽，处理问题直接，情绪易受影响发生变化，在一定程度上表现出正直讲义气，富有同情心；第五，富有艺术气质，能歌善舞，体育素质强，运动能力好，乐于表现。除了这些整体特征外，有部分学生表现出胆怯、焦虑、抑郁、敌对等心理。特别是，当出现这些问题时，民族预科生表现出的自我调整能力比较弱，不能有效突破自身局限，不会采取积极措施科学应对一些障碍，最终导致较严重的心理不卫生状况。

（二）文化不适应性心理特征

研究民族预科生的心理健康，单从一般意义上心理学的指标考量是不够的，民族预科生的文化适应情况在很大程度上影响其心理特征和健康水平。

文化适应（cultural adaptation）是指对一种新文化的适应过程，在此过程中往往会有文化冲击（cultural shock）的出现[①]。在改革开放走向西部纵深的形势下，地区交往、民族间交往变得容易快捷，传播媒介多样且全面，民族文化得到广泛传播，极大缓解了民族的自我闭塞。在少数民族学生离开母体文化面对异族文化前，有机会预先了解文化间的差异，并在一定程度上进行心理暗示，做好文化适应的推演。所以，民族预科生文化适应的整体压力不大，特别是一些经济较发达地区的学生，文化适应问题仅仅是表现在气候、饮食等层面。

尽管如此，民族预科生个体文化适应能力依然差异很大，由文化不适应引起的心理调节不顺利现象也不少见。特别是来自偏远地区、有特有民族性生活习惯、有长期宗教信仰传统的一些学生，容易出现文化不适应现

① Oberg K.Culture shock:adjustment to new cultural environments［J］.Practical Anthropologist，1960，7:177–182.

象。文化冲击是文化适应中的一个必然过程，往往伴随焦虑、无助、动摇等心理状态，严重的则表现为抑郁。总之，文化冲击会直接影响个体的心理状态。[①]第一，对文化变化本身而言，有的学生个体会感受到环境变迁的压力过大，在心理上做出退避反应，外在表现为本民族的学生抱团、孤僻、不参加集体活动，面对困难采取逃避态度，或者把原因都归结为环境变化，不愿积极应对。第二，语言是民族预科生文化适应的障碍。表现之一是民族语言不再通用，普通话水平有待提高，英语水平差异大，这些往往促使学生产生自卑、孤单等低沉情绪。表现之二是会因为语言文化背景的差异引起语言表达障碍，造成交流不畅，相互不理解，甚至出现重大误解，容易产生困惑无助、攻击性行为倾向。第三，日常生活习惯的被动改变。比如服饰，学生着一套民族服装，如果得到众多赞美，学生会产生强烈的民族自豪感，同时会引起其他方面的积极心理情绪；如果得不到欣赏，反而被指指点点，甚至嘲笑，学生心理反应轻则是失落，重则会产生敌对情绪。比如饮食，各个地区、民族间的饮食差异很大，长期养成的饮食习惯很难在短时间内调整，而且有些民族的饮食习惯与本民族的宗教信仰相关，饮食不习惯会影响身体健康，进而感到混乱、抑郁。第四，文化活动的差异。在不同的文化背景下，礼节表达方式区别很大，同一种表达方式会得到不同的理解，或隆重，或简朴，或正式，或随意，随之会产生被尊重或被冷落等迥异的心理反应。节庆也是有很多不同的，而全国按照法定假日休假，很多民族有自己独有的节庆日，很多重要的民族节庆日不被重视，特别是远离本民族生活地区的预科生，更是感受不到节庆的欢乐，往往“每逢佳节倍思亲”，而在一些法定假日内他们又“被休息、被庆祝”。宗教是信

① 白亮：《文化适应对少数民族大学生心理健康的影响》，《民族教育研究》2006 年第 3 期第 17 卷。

仰自由，但在学校是不能传教的，没有宗教氛围，特别是在内地，宗教场所不多，宗教活动很少，个别有宗教信仰的学生就表现出一定的不适应。

文化不适应不只是停留在现象层面，而且会传递到学生内心，进而影响和改变学生心理健康状况。换言之，同样是自卑、孤僻、焦虑、强迫、人际敏感等心理症状，普通学生更可能是由医学、心理学意义上归结的原因引起，而民族预科生更可能是由文化不适应引起。多角度的研究都表明，少数民族学生的心理状况与文化适应是高度相关的，这种关联度又与少数民族学生所居住的民族地区的经济水平、文化的包容性、社会的开放程度、宗教信仰氛围等因素紧密挂钩。虽然文化对少数民族学生产生的是普遍性影响，但少数民族学生不必然都表现出大概率的文化不适应，文化不适应与个体的情况紧密相关，包括家庭情况、文化水平、基因特质、健康水平等方面。文化不适应虽然影响个体的心理调适，但不必然导致心理疾病，更多的是体现出阶段性的文化不适应心理特征。同时，个体的差异性决定了文化不适应所达到的程度不尽相同。少数民族预科生基本都会经过一个由文化不适应到适应的心理历程，这种经历并不完全意味着负面影响，甚至有学者认为："抑郁虽然被看作是病态的，但其实抑郁提醒个体有必要采取系列内部或外部的行动来减少对自己自尊构成的威胁以及遭人拒绝的可能；同样，内疚可以提醒个体唤醒自己潜意识中的正直和良知，使个体变得明智和理智；愤怒可以提醒个体注意对自我构成的威胁，并为个体采取保护性行为或者改变先前行为而提供能量。因此，心理问题不仅具有消极和破坏性的一面，也具有积极和建设性的一面。"①

① 姜雪凤、陈宪章：《异域文化下少数民族大学生的积极心理调适》，《西南民族大学学报》（社会科学版）2012 年第 7 期。

二、少数民族预科生心理适应产生的问题及原因分析

（一）产生的问题

民族预科生心理不适应会产生很多问题，心理不适应是问题的原因之一，但不是唯一原因。这些问题是民族预科生所处过渡期客观环境剧烈变化的综合性反映，既有处于迷茫期的大学新生的共有问题，也有民族预科生特有问题。

1. 自身定位困难

部分民族预科生之前的生活环境相对简单，基本都是本民族聚居一起，没有民族差异与区分的意识，这种单一且固定的模式，他们很容易在社会生活中确立自己位置，扮演好相应角色。学生进入预科阶段后，面临着一系列的身份调整。第一，以自我为中心的家庭生活被事事需自理、人人都自立的小集体生活取代，亲情的影响在消退，规则和友情的作用在强化，需要调整自己在宿舍等小集体生活中的定位，需要妥协，需要平衡。第二，周围同学民族成分增多，个体的民族意识在一定程度上被唤醒和强化，对其他民族的区分与认识也成为必须面对的任务，因此，这种民族文化之间的相互碰撞冲击，需要调整对自身民族身份、民族文化的定义与理解，需要调整对其他民族的态度。第三，新的环境下，竞争加剧，压力陡增，在以前群体里建立的优势在新的参照体系里未必还是优势，在新的群体里未必能准确找到自己新的优势并且自如地展现出来，需要进一步了解自己，发掘自己，提升自己。

2. 生活困难

民族预科生心理调适不顺利引起生活方面出现很多状况是常有的事，因为这些困难既是实实在在的客观存在，也有可能因为心理暗示、心理抵

制等主观原因而使得困难情况加剧。有学生抱怨，在学校一学期吃的牛肉没有在家里一顿吃得多，南方的米饭吃了不消化，面类食物样式太少，做法不精致，千里迢迢从家里带来喜欢的食物，却因为气候不同不易保存。气候也是让学生感觉不适应的因素，有的学生因为海拔的原因产生醉氧，因为天气潮湿身上长脓包，因为冬天没有统一供暖受不了严寒，因为学校住宿条件有限受不了酷暑。还有学生因为第一次离开亲人单独生活，生活技能缺乏，生活不能自理，节假日因为路途遥远不能与亲人团聚，思家心切。也有学生面对大都市的繁华和身边人的富裕生活不能保持心理平衡，给自己平添很多烦恼。这些问题，可能每个大学新生都会遇到，而且经过一段时间的调适都能解决。但民族预科生遇到困难会严重很多，因为他们生活的环境变迁大，差异大，适应时间明显长于一般学生，特别是有的学生内心里拒绝接受这种变化，从心理上产生强烈的抗拒，适应更是难上加难，甚至有学生因为生活障碍被迫转学、退学。

3. 学习困难

学习情况和心理状况是相互影响的。民族预科生大多来自边远民族地区，由于历史的原因，教育资源和条件较差，学生基础相对薄弱。第一，就课目而言，英语的听、说能力较差，部分民考民的学生在预科以前没学过英语；语文也是差距较大的课目，越偏远的越薄弱，有民族语言的越薄弱，两年制预科学生甚至需要从汉字、拼音等最基础的内容开始进行强化培训。第二，就学习能力而言，边远地区的民族预科生虽然更加刻苦认真，但学习形式较单一，学习方法不尽科学，运用现代化的学习工具的能力偏弱，通过第二课堂进行社会学习的愿望不甚强烈，学习的发散性思维受到限制。第三，就学习意识而言，生活环境的相对落后、封闭，经济文化的相对滞后，生活方式的相对单一，信息获取途径少，受传统观念、风俗习惯的影响与制约，感知、记忆和思维相对固化，面对新事物时犹豫与迟疑，目标不甚明确，学习的主动性不强烈。如此种种，在高手如林的大学预科里，以往的尖子生不再拔尖，如果预科学生不能客观认识这种差距，并采取有针对性的措施改善这种状况，在持续的学习竞争压力下，学生会产生巨大的心理落差，不自信心理油然而生。其实，对这些能通过高考独木桥的学生而言，学习困难本身不是最大困难，通过努力完全可以缩小差距，迎头赶上，难以克服的是自身心理因素的干扰，没有过硬的心理素质和十足的自信，克服困难的毅力和赶超的动力就会减弱，甚至消极。

4. 人际交往困难

人际交往困难轻则是交往不畅，重则是拒绝交往，主要是交往思维的差异和民族认识的狭隘两方面原因造成的。“从生态环境来看，西部地处中国的内陆边缘地区，生态环境脆弱，高山大河、高原冰川、沙漠戈壁、永久性积雪区等构成了复杂的区域特点，各民族形成了相对独立的生活方式、风俗习惯，架构了各具特色的文化，从而也构成了其特有的，包涵民族意识、民族思维及民族认知方式等在内的心理模式。”[①] 民族预科生在民族聚居区的长期生活，养成了符合当地民族文化特色的交往思维，形成了固定的内在心理模式，当他入学后从民族聚居区迁移到非聚居区，面临多元文化的冲击，人际交往的很多方面都会遇到障碍，比如对交往对象的文化背景的理解，语言、情感表达方式的适应，习惯性行为和价值观的接受，克服这些障碍不仅需要社会性知识的积累，更需要对新环境和新文化氛围适应的积极调适。同时，交往不只是简单的信号传递与接收，更是交往主体间在某些认知上达成一致。民族预科生一般都有较强的民族身份区别意

① 李静、赵伟：《西南少数民族大学生心理冲突及其调适的研究》，《民族教育研究》2002年第3期。

识，民族身份会成为交往的媒介，也会成为交往失败所归结的因素，过度地强调民族身份，过分地民族身份显示需求，都会成为阻碍交往的藩篱。费孝通先生曾提出“各美其美，美人之美，美美与共，天下大同”，也说明只有文化适应，交往才会和谐。

（二）原因分析——文化适应与预科生心理健康

少数民族预科教育的特殊性主要表现在：一群特殊的学生；经历一段特殊的时期；接受一种特殊的教育。根据《普通高等学校少数民族预科班、民族班招生工作管理规定》：预科班、民族班生源限定为当年参加普通高等学校招生全国统一考试的少数民族考生，重点招收边远农村、高寒地区、山区、牧区的考生，并适量招收散杂居地区的少数民族考生。从生源上就确定了所有学生是来自少数民族地区的少数民族学生。由于历史原因，他们享受的教育资源相对有限，文化基础知识基本处于劣势，进入大学是低于本科线一定分数录取；由于区域及文化的原因，与现代化大都市的学生相比，他们文化背景差异巨大，他们淳朴，性格笃定，在文娱体育方面富有天赋，但一些现代技能又相对欠缺，见识面不宽。在预科这段特殊时期，在学习方面他们要完成高中灌输式学习模式向大学自主学习模式的转变；在生活方面脱离了父母的管束，需要更多的自律，没有了依赖，需要更多的独立；在环境方面，因为生活地域的迁移，远离亲人和朋友，周围人群的风俗习惯、思维和处事模式都发生巨大变化，面临的竞争也更加激烈，自身长项难有用武之地，弱项却暴露无遗，甚至连气候环境都会成为巨大障碍，在这转型时期学生感受到强烈的不适应，遭受很大挑战。少数民族预科教育也是很特殊的，它学制短，面对差异巨大的学生群体，必须完成预与补的双重功能，这本身给预科教育带来巨大的挑战。在此期间，部分学生跟不上，也有学生吃不饱，学生对大学的学习和生活模式产生了差异化的认识。有人认为此阶段不重要，也不会有什么收获，开始混预科，本科以后再好好学，但学如逆水行舟不进则退，一旦养成不良的学习习惯和生活习惯，无论到哪个阶段都是很难纠正过来的，所以，有人认为预科这段时间毁了自己。也有人认为预科阶段是实现弯道超越的最佳时机，既然已经落后同龄人，就应该充分利用好预科时间，进一步夯实基础，同时尽快适应大学的学习和生活模式，当大一再次与同学竞争时，能做到同学刚起步自己已开始加速，所以预科成为其重要的转折时期。

据上分析，预科是很重要、很特殊的过渡时期和转折时期。在此期间，少数民族预科学生会因为过渡不顺而遇到一些困难，这些困难在客观上表现出来的形式跟刚上大学的其他新生一样，也是定位困难、学习困难、生活困难、人际交往困难等，原因除了是来自家庭的、社会的、学校的、自身的影响因素外，笔者认为其原因还有特殊性，即文化阶段性不适应。

美国著名心理学家阿德勒在对文化适应进行系统研究之后，提出了文化适应的五阶段模式假说，[①] 分别是“接触阶段、不统一阶段、否定阶段、自律阶段和独立阶段”。民族预科生离开本文化生活区域，接触到多元文化并存的新环境，他们除了感受到新奇外，必然承受多元文化交织给自身带来的冲击和压力。这种压力是全方位的，既有外在形式的明显不同，比如语言、习俗，也有内在价值的迥异，比如信仰、思维。这种压力也是一个动态的心理体验，会感受到好奇—了解—发现差异—感受冲突—质疑批评—自律应付—形成自我价值的过程。这些阶段不是完全独立的，不是逐

① Solgado de Snyder，N， Lopez.C. M. And Padilla，A. M.Ethnic identity and cultural awareness among the offspringof Mexican interethnic marriage［J］.Journal of Early Ado-lescence.1982，19（1）：108-115.

一进行的，而是相互影响的，是交织进行的，是伴随发生的。同时，学生在预科阶段也将对多元文化实现一定的了解，学会一些处置方法，产生一些价值判断，形成一些理念，养成一些处理习惯，并初步完成心理调适，形成比较稳定的独立自我。民族预科生因为前期生活经历和受教育的差异，决定了他们在预科阶段所处的文化适应阶段不同，而且差异比较大。部分学生在预科阶段是接触多元文化的第一阶段，体验到的文化冲突最激烈，产生心理不适应程度高，但同时伴随着好奇、观察、学习、尝试适应等心理状态，因此，除了极个别极端情况外，绝大多数可以逐步实现平和、递进的文化适应；部分学生在预科阶段则是文化适应的进一步调适和整固阶段，但这并不意味着文化适应压力的减弱，随着差异的加大，自我意识的加强，甚至伴随着质疑批评的进一步强化，有可能出现文化不适应矛盾的激发。按照阿德勒五阶段模式假说，民族预科生在预科阶段通过心理调适能完成几个适应阶段，每个阶段能达到的什么层次，既是他们文化阶段性不适应的表现，也是他们文化适应的过程。

Berry 则从文化抉择的角度提出了文化适应的四种模式，[①] 分别是“消极固守、盲目顺应、积极整合和边缘化”。这反映出个体对文化适应的态度。首先，个体的综合情况会影响其文化适应。民族预科生的客观条件影响其文化适应的能力，主要表现在：经济状况与文化水平直接影响文化适应活动的参与、体验，间接影响适应能力的提升；综合能力影响文化适应的效果，比如个体的语言表达、性格、社会活动能力、学习能力等。民族预科生的主观意识影响其文化适应的态度。民族预科生在高中及以前阶段，民族意识得到强化，对自己的民族身份及民族文化形成了稳定的理解，当其面对

① Naomi Ellemers，cathy Van Dyck，steve Hinkle and Annelieke Jacobs.Intergroup differentiation in social context:identity needs versus audience constratints[J].Social psychology Quartely，2000，63(1).

多元文化时，民族意识能否及时调整，对本民族文化是自卑还是自信，对异文化是盲目顺从、忽视、拒绝还是互动交流、积极整合，不同的态度都将影响文化适应的结果。其次，个体所处多元文化的外在氛围影响其文化适应。文化适应既是预科生对多元文化新环境的适应，也是多元文化新环境对预科生个体的接纳，所以，多元文化环境能否体现出包容性，也在一定程度上决定个体的适应情况。多元文化环境理应具备开放的态度和健康的价值取向，否则无法多元并存。当然，多元并不意味着没有主流，主流也不意味着完全主导，在汉文化依然是整个社会文化的主流时，汉文化应更加兼容并包，形成一定气场，对其他文化产生吸引力，任何文化的边缘化，既是对该文化的伤害，也是对多元一体的破坏。Berry 的四种模式是学理意义上的描述，并不能完全对应个体文化适应的过程和结果，个体的文化适应可能是四种模式的一种、两种或多种，也可能是多种并存的综合性呈现。文化也是多方面的，同一学生个体在各个方面表现出的适应性也是不同的，比如，部分学生因为宗教信仰而在饮食文化方面适应难度大，因为审美传承而在服饰文化方面有所坚持。

心理调适与文化适应是互相制约与促进的。如果心理上在物质困难、语言局限、环境变迁、交往障碍、文化丧失等方面承受的压力过大，同样也会放大文化适应的困难，适应的时间会延长，适应的难度会加大。反之，如果适应主体及主体周围存在能把文化适应视为一个正常的必经过程，适应主体内心对多元文化持开放、接受、积极整合的态度，能最大限度地融入新环境，那么文化适应就是自然而然的事，不会成为心理调适的障碍。当然，如果适应主体周围存在是一个开放、包容、积极健康的多元文化氛围，也会给适应主体更小的压力，更少的障碍，适应主体也将以轻松的心态，从容的节奏适应文化的变迁。

三、少数民族预科生心理健康服务与学生能力发展——以中南民族大学预科教育为例

（一）文化适应与民族预科培养模式创新

在预科阶段完成好文化适应，既是民族预科生首当其冲的课业，也是民族预科教育机构办学的优势所在。目前的民族预科办学单位，既有一些民族院校下属的预科教育院部，也有近年迅速崛起的几大民族预科培养基地，还有一些民族地区的地方院校开办的预科教育机构。整体而言，这些办学单位有的地处民族地区，办学条件得天独厚；有的长期往来和服务于民族地区，少数民族生源占比较大，民族氛围浓厚；有的得到国家的大力投入，有效整合了很多民族教育的办学资源。长期以来，这些民族预科教育机构潜心从事民族预科教育，在教育理念方面，基于对民族地区经济社会发展情况的全面了解，所以对“将民族教育规律和高等教育规律有机结合”有深入的认识和独到的理解；在教学研究方面，有大批师资长期致力于民族预科教育的研究，开发出适合各个层次预科生的教材、课程及其他培养体系，科学研究也是围绕民族预科生和预科教育的客观情况、发展需求开展；在管理服务方面，这些学校的校园文化中有丰富的民族元素，教职工对少数民族学生有特殊的感情，为民族预科生的成长成才营造了良好的氛围，并且针对新时代民族预科生的新情况、新问题，在服务管理的方法、形式、内容方面不断开拓创新。中南民族大学是国家民委直属的民族院校，预科教育学院是学校特色鲜明的二级学院，预科教育自学校成立以来就一直存在，它的办学水平随着学校的发展壮大不断提升。

中南民族大学预科教育的培养模式随着民族预科教育的发展历程经历了多个阶段。以下简要介绍其发展的各个阶段，重点介绍培养模式的变化

情况，分析培养模式对文化适应的影响。1951—1958年，中南民族大学预科教育主要是兴办文化班和补习班的形式，1955年定名为预备科，组织专门的预科教师队伍，开展小学和中学的教育，对少数民族地区的干部进行政治理论培训和文化补习；1958—1965年，1957年预备科不再办初中班，只设置高中性质的预科教育，1960年进行了预本一条龙的体制改革，并撤销了预备科建制，将学员分到各系直接管理，1961年恢复预备科，并开设了高中班和基层干部培训班，这一模式一直延续到1965年；1966—1980年，因为文化大革命而停办；此前三个阶段，整个社会体制机制的高度统一，学生在求学的过程中文化不适应的情形虽然客观存在，但由于学生心理的耐受能力相对较强，学生的发展需求也受到特有历史条件的限制，高层次需求的表达意愿不强烈，文化适应问题成为隐性问题，不被关注，不成为民族预科教育需要急需解决的焦点问题。

1981—2005年，随着中南民族学院的恢复重建，预科同时复办，正式命名为大学预科部，生源从全国高考统一招生中录取，从1983年起开始接收其他高校委培的预科生。在此阶段，生源量大，20世纪90年代末达到高峰，生源质量差异也大，民族预科教育主要着重于学生基础知识的补习，为本科学习做好准备。本阶段后期提出“以预为主、以补为辅”，主要是受生源质量提高、预科教育自身发展所影响；2006年至今，预科教育办学逐渐完善，着重质量提高。2006年，更名为预科教育学院。随着民族地区经济社会的持续发展，预科生源质量的不断提高，甚至有部分一本线上的学生进入预科学习，基础知识补习这一传统目标在民族预科教育的任务体系中的地位有所下降，而通过调整培养模式，提高少数民族学生的综合素质，引导他们对大学的学习和生活进行预先的接触、了解，已发展成民族预科教育的优先目标。预科教育学院2009年制定的新的培养方案全面地体现了预科培养目标的丰富性和综合性。这两个阶段是预科教育恢复提高和改革发展的黄金时期，预科培养模式也在随着预科教育的实际情况不断调整，尽管有的是主动为之，有的是形势倒逼。生源质量的提升不仅是体现在高考分数上，还表现为学生综合素质的全面提升，学生的自我意识被唤醒，尊重和权利意识增强，高层次发展需求强烈，这对民族预科教育提出了新的挑战。民族预科教育通过系列改革，包括培养目标调整、课程改革等，开始回应学生的发展需求。这种回应还体现在关注学生的心理健康和关注学生的文化适应上，这是民族预科教育一个重量级的课题，是个棘手且急需解决的问题，同时又是个不易考核的软指标问题。

以中南民族大学预科教育学院2009版培养方案为例进行分析，可以清晰地看到民族预科教育在新的发展时期做的一些改革。这些改革着重考虑了预科教育的特殊性，预科学生的特殊性，学生心理健康与文化适应的重要性。在培养目标方面，表述为“政治目标、知识与能力目标、方法目标”，既有爱党爱国、维护民族团结等宏观要求，也有微观维度的夯实基础知识、发展综合能力、掌握大学学习方法等目标任务；在培养原则方面，提出“德育优先、夯实基础、注重能力培养、因材施教、尊重学生、衔接与过渡”。“德育优先、夯实基础、注重能力培养”原则体现出民族预科教育从大众理解上的“高中补习班”“高四班”开始向特殊的大学教育、素质教育转变。“因材施教”主要考虑到学生知识、文化背景的差异性，提倡分层次教学。“尊重学生”则是从尊重学生主体地位、尊重学生生活习惯和文化角度提出，是对教师、学生，乃至整个教育环境提出的。“衔接与过渡”既揭示了民族预科教育的特殊性，也是进一步明示民族预科教育的重点和难点，衔接与过渡阶段需要教育主体更有针对性、更及时地开展一些创造性的工作，为未知的未来打好基础，做好铺垫，否则有些工作的切入时机稍纵即逝，有些教育缺失给学生带来的损害是不可逆的。在主要课程方面，既有文科、理科必修的基础课程，也有中国历史文化、民族理论与政策、书法、诗歌欣赏、美学与艺术欣赏、专业选择辅导课等辅修课程，这些课程化解了学习障碍，开阔了学生视野，丰富了学生知识结构，为学生文化适应、心理调适创造了好的条件。

“民族高等教育的整个过程，实际上就是引导民族学生对新的社会环境和文化氛围进行心理调适以达到新的和谐的过程。”① “对异域文化尤其是对主流文化的认同有助于提高个体的积极情绪体验和幸福感，并在这种积极的情绪体验下尽快地适应异域文化。”② 这两个论断揭示了民族预科的重要培养目标，强调了文化适应之于少数民族预科生的重要性——文化适应是他们在文化迁移背景下经受的关键挑战，也是必须完成的首要任务。所以，笔者在此进一步提出：民族预科教育培养模式创新的目标之一是——民族预科生通过完成环境变迁背景下的心理调适，进而着力解决文化适应问题。

（二）文化适应与心理健康服务

民族预科生的心理调适是其文化适应的重要部分，文化适应是横亘在民族预科生成长成才面前不可回避的问题。由此，一个科学的、创新的预科培养模式，应该从少数民族学生文化适应的高度去关注学生的心理健康，并能提供富有针对性的服务。

---

① 曾维希，张进辅：《少数民族大学生在异域文化下的心理适应》，《西南大学学报》2007 年第 2 期第 33 卷。

② 郑雪、David Sang：《文化融入与中国留学生》，《应用心理学》2003 年第 1 期。

1. 为民族预科生提供良好的心理健康服务，应对文化适应有足够的了解和研究

人类学家埃里克森认为人生发展的每一个阶段的特征都是主体发展与社会文化适应上冲突和矛盾造成的，并且在一定程度形成危机，而教育往往可以化解这种危机，并培养美德。人生影响最大的阶段是青春期，从年龄上看，民族预科生正值此阶段，再叠加文化背景的巨大变迁，文化不适应问题在民族预科教育中更为突出。

在跨文化心理学概念层面，T.D.Graves 在 1967 年提出了心理文化适应的概念，开始把心理层面纳入文化适应研究范围。心理文化适应是指在异文化适应过程中个体的态度、信仰和行为的变化，这个概念更关注个体层面的文化适应。Szapocznik 等在 1978 年提出心理文化适应包括“行为与价值观”两个维度。在心理学层面，强调文化差异对个体造成的心理和行为上的适应问题，认为文化适应是进入异文化的个体对新文化环境适应过程和结果，因此更多关注个体在心理和行为上所做出的变化、应对与调试等方面。

文化适应包括学习与保持及两者的平衡。文化适应是以文化差异为前提的，因为差异的存在，才有适应的需求。适应者若认可异文化的部分，将会对这些进行学习、整合、修正，进一步内化为自身文化。适应者的背景文化在文化适应中产生重要的影响，它将决定适应者对异文化的态度以及进一步的行为，也将决定在文化适应结果中被保存下来的背景文化部分。文化适应的过程是学习符合适应者价值观的异文化，保持部分不可舍弃的背景文化，适应的结果是异文化与背景文化交融，实现异文化与背景文化新的平衡。

对个体而言，文化适应既是心理适应，也是人的进一步社会化。当个体跨入异文化环境，从心理到行为都会感受到文化差异带来的压力。面对文化差异带来的冲击，个体心理的波动、修复、调适，是个体在生理意义上发生的变化。同时，个体在适应异文化的过程中，也是对社会的一次新的认识，将修正一些概念，调整自身参与社会活动的态度、方式，是一次更大范围内实现个体社会化的过程。

知识是文化适应的良好润滑剂。当科学知识得到普及，因文化差异引起的文化冲突就会减少，文化之间可能存在更多的沟通互动，可能更容易相互理解与尊重。当个体具有良好的文化素养，在文化适应中将会有更开阔的视野，更良好的心态，更科学的方法，遇到的障碍会减少，文化适应的压力会减小。当整个社会处于比较现代化的层次，文化将具有更大的包容性、开放性，文化中狭隘的成分会减少，文化的融合将具有更良好的氛围。当少数民族预科生离开已习惯的传统文化，急剧变化的文化背景会引起个体强烈的心理骚动，如果此时教育不能发挥其功能，个体不能适当地更新生活方式，无法实现发展与文化进化的平衡，文化适应困难会导致文化危机。

民族院校互视性的生活环境有利于少数民族学生的文化适应。在民族院校，绝大部分学生都是少数民族，各族文化精彩纷呈，文化差异极为普通，不足为怪。学生们对各式各样的异文化怀有极大的好奇心，在绝大多数时间是相互学习，并且学习对象不具有权威性和控制力，学习也是根据自己独立的理解来完成，没有纠错和纠偏机制，是在交往中实现的最有效的学习，是最自然的文化适应过程。

2. 为民族预科生提供良好的心理健康服务，应对民族预科生文化适应的特殊性有一定把握

从当前民族预科生的招生政策来看，少数民族预科生绝大部分是来自少数民族地区的少数民族学生。长期生活在民族地区，民族文化在他们身上打下了深深的烙印，对他们的饮食、服饰、审美、行为、思维逻辑产生了重要的影响。这种影响中，有一部分仅仅是一般意义上的定式与固化，没有特殊的含义；而有些却是宗教层面的信仰，或者被赋予其他重要的价值内涵，是神圣不可侵犯的。鉴于此，民族预科生心理健康服务与一般的心理辅导有所不同，应该追根溯源，知根知底，方能找到正确的切入点和方法。

民族预科生是少数民族中受教育程度较高的群体，与同族人相比，他们对自身的文化和异文化都要理解得更深刻，这一客观情况对其文化适应产生较大影响。可能因为对自身文化的盲目崇拜，在心里产生严重的文化丧失的担忧，导致对异文化的过度排斥，在文化适应过程中给心理调适增加失败的心理暗示，甚至主观上形成障碍；也有可能因为对自身文化的充分理解，更明白自身文化的真正内涵，理解文化差异之所在及这些差异的实质，给文化适应带来便利。概而言之，民族预科生的文化背景是影响其文化适应的一柄双刃剑。

民族预科生的个体情况影响其文化适应。有研究表明，语言障碍是少数民族学生文化适应的最大障碍。但笔者认为这不是一概而论的，例如，因为语言而产生的文化适应难度，有民族语言的预科生可能要大于一直使用汉语的预科生；民考民的预科生可能要大于民考汉的预科生；来自闭塞落后地区且一直使用方言的预科生可能要大于城镇预科生。物质基础也可能影响民族预科生的文化适应。物质的贫乏可能影响健康，可能造成能力发展的相对滞后，可能在文化适应过程中产生更多的压力，更有可能在心理调节遇到障碍时形成困难的叠加。当然，这都不是绝对的。有无宗教信仰也在一定程度影响其文化适应。当一个有宗教信仰的学生来到一个新的环境，这个环境没有同样的宗教信仰群体，没有宗教信仰的场所，没有定期的仪式，他将比没有宗教信仰的学生更有可能产生文化不适应的症状。

交往的状况影响民族预科生的文化适应。在新的学习生活环境里，民族预科生必须重新寻找和确立自己在群体中的地位，与周围同伴建立新的关系，这看似自然、简单，实则是他们文化适应最艰难的一步。民族预科生离开原来熟悉群体，在原来群体生活中一些习惯性的优势不复存在，比如学习成绩在原来本民族的同龄人中是优秀水平，但到更大范围一比较就显得不拔尖。这种落差需要他们能积极调整心态，正确审视自身；原来生活中一些不足为奇的技能可能成为新的生活同伴特别羡慕的特长，比如新疆学生唱歌跳舞原本只是生活中一个极为普通的事情，但到了新的文化环境里，他们的舞蹈极富风情，歌唱特别美妙，个个被视为文艺特长生。这种变化能给他们带来自信，助推他们赢得交往中的关注。语言、生活习惯、审美、宗教信仰等方面的差异也会造成民族预科生在交往过程中个体的自我封闭或者小群体的抱团，这种拒绝交往的方式可能掩盖交往带来的冲突，但实质上没有进行心理调适，没有完成新文化环境下的文化适应。

歧视与偏见影响民族预科生的文化适应。在高校校园生活中，歧视与偏见是小概率事件，但在错综复杂的影响因素中，歧视与偏见容易被理解为直接的问题或者问题的根源。个别学生认为，民族预科学生的身份给他们带来压力，觉得低人一等，认为预科的学习经历会给他们继续求学和就业造成障碍。这显然是错误的认识，因为民族预科教育创造性地为少数民族学生开辟了求学深造的路径，为他们的发展提供了更好的教育机会，这个大前提不能忽视。某些民族的学生因为长期的生活环境影响，性格率真，表达直接，行为粗犷，有些时候却被贴上粗鲁、不文明、争强好胜等不好的标签，而且，个别人的行为常常被视为整个民族的习惯，甚至有时候会根据体貌特征会做出一些不正确的判断。这种不了解、不理解容易形成歧视与偏见，对文化互动、交流、融合都是致命的影响。

3. 预科培养模式中心理健康服务的创新

民族预科生的心理健康调适是个系统工程，如前文所述，它不同于普通的大学生心理健康辅导，它是以文化变迁为背景，在文化冲突等综合性压力作用下，个体态度、情感、行为、价值观等方面的综合性调适，心理调节的过程和结果也就是文化层面的适应。

民族预科生的心理健康服务既包括对民族预科生个体的帮助，提高个体进行自我调适的能力；也包括营造良好的环境，形成更宽松、更包容的氛围，为个体的心理调适创造条件。

民族预科心理健康服务的创新应主要关注以下方面：

社会规范的学习与认知。除了疾病意义上的心理问题外，其他的情绪波动、心理问题莫不是外界刺激的反映，社会规范本身及规范产生的结果是非常重要的外界因素。随着民族预科生进入全新的环境，他们需要接触更多的社会规范，这些规范的内涵和外延都可能超出他们一贯的理解，对这些新规范学习、理解的程度将影响他们对新环境的适应。比如，他们以前生活的环境是熟人社会，且社会风气良好，人与人之间充分信任，夜不闭户路不拾遗，而新的环境是陌生人社会，人员形形色色，因为缺乏安全防范意识，在食堂和自习室用来占座的包包一不小心就被偷走，一出校园就碰到各式各样的骗局[①]，这些事情看似小事，但在他们成长过程中却是

---

① 案例一：笔者曾经有学生遭遇到谎称是外地大学生的骗子向其借钱。骗子装作钱包丢失无法返校，给该生留下电话及联系地址，承诺返校后将如数还清，而学生则非常单纯地相信了，且把全部学费借给骗子。

案例二：有贫困生想通过勤工俭学缓解经济困难，在校外中介缴纳中介费希望得到工作，但不幸遭遇黑中介，非但没得到工作，反而损失中介费，雪上加霜。

大事件，如果不能正确看待这些事件，他们由此可能产生一些错误的认识，甚至对新环境产生敌意。民族预科生长期生活中定义好了的概念也可能在新环境里遭到挑战，在掌握新的规范之前，他们感觉事物不再按照他们的设想发展进行，内心充满彷徨不安，行为上不知所措。比如，有的民族的学生跟以前的同伴发生冲突时，干一架是常见的事情，而且打完了事就了了，相互不记仇，还是好兄弟，而在新的环境里，人际关系却不能再这样处理，大家都小心翼翼，客客气气，打架被视为不文明的行为被禁止。因此，民族预科教育应该及时帮助学生开展这方面的学习，完善学生知识结构，防患于未然，在他们适应新的环境之前对新环境的文化有预先的了解，做到胸中有数。中南民族大学预科教育学院一直以来坚持做好入学教育，在入学教育阶段开展纪律教育、安全教育、民族团结进步教育等，召开家长座谈会，向家长宣讲学校的服务管理措施，争取家庭与学校沟通一致，更好地帮助学生成长成才。

多元文化宣传与民族团结进步教育。费孝通老先生有句名言“各美其美，美人之美，美美与共，天下大同”，它告诉我们：每个民族的文化都有其精粹，尊重文化的多样性，首先要尊重本民族的文化，应将它培育好，发展好，维护好。同时要尊重其他民族的文化，尊重差异，理解个性，互相促进，共同繁荣。当今社会，信息和传播技术高度发达，即使在一些偏远地区，对外界的了解也变得相对容易，文化间的交流互动变得频繁，增进了文化间的相互了解。在如此好的大环境下，民族预科生进入新文化环境时具备了比较好的心理准备，降低了心理调节的难度。但是，他们对异文化的了解还存在下面一些问题：了解是比较抽象的，基本停留在视听的层面，终究缺乏实践参与，缺乏应对反应；了解也是不全面的，甚至有些信息是经过筛选过滤的，有效性不强；了解是不深入的，主要是一些主题性的，或者是一些零碎的片段，甚至是娱乐性的，对生活的实际辅导作用不大。多元文化知识的普及，既可以帮助民族预科生对异文化形成比较客观的认识和理解，也可以进一步加强其对自身文化的自信，进而提升他们进行心理调节完成文化适应的能力。民族团结进步是民族预科教育的重要内容，民族团结进步也必须建立在各民族相互了解、相互尊重的基础上，而这些都是每一个个体在情绪、态度、价值观和行为准则等方面的综合反映。民族预科生作为民族地区的高层次人才，在民族团结进步工作中不只是践行者，也是传播者、推动者，他们自身的心理状态调整得越好，对文化差异的理解越深刻，在文化适应方面做得越顺利，对民族团结进步越有利。因此，预科教育应该设置一些教育教学环节，开展系统的民族多元文化知识的普及和民族团结进步教育，比如，开设民族理论与民族政策、民族文化课程，举办民族知识竞赛，进行民族知识板报、PPT 展示，组织学生邀请同学到各自家乡交叉作客的社会实践。

促进交往，在交往中培育民族自信。交往包含学习、体验、参与、互动等多种形式，也包含语言表达、情感控制、人际关系处理、自我调节修复等多重内容，是个综合性的过程。交往是实践性的，既包含心理调节的过程也同步发生心理调节的结果，是认同上的文化适应和行为上的文化适应的双重奏，所以交往的教育意义重大。积极心理学认为，人自身的积极力量和积极因素可以预防与克服心理问题，主张从积极的角度对心理问题和消极情绪进行解读，破除问题意识，通过发掘积极因素，增强主动调适与改变的信心。交往正是民族预科生进行心理调节和文化适应的积极方式，在交往中，学生会逐渐发现自己的力量与美德，产生积极的主观体验，形成更强大的适应能力。民族预科办学机构在教育教学过程中，可以打造一些交往平台，促进学生之间的交往频率和实效。比如，定期举行品牌活动，包括文艺类、体育类、知识竞赛类，这些活动的准备过程是学生间深入交往，加强沟通，感受团队合作，培育友谊的良好时机；活动进行的时候，是学生学会调节情绪，充分展现个体优势，收获自信的过程。在中南民族大学预科教育学院，每年的元旦晚会、寝室文化设计大赛、“南湖杯”都是最受学生欢迎的活动。每个活动都能吸引广大同学积极参与，能成为这些活动的组织者是每个预科学生为之骄傲的事情。活动中，为了演好一个节目，多个民族的学生组成团队，各种方言段子及其他民族文化被整合到一个剧本；为了共同取得更好的竞赛成绩，在篮球、足球等比赛中，维吾尔族、哈萨克族、蒙古族学生成为活动的核心，所有技战术都围绕他们制定；活动结束后，同学之间的相处变得更加和谐，友谊达到新的高度，大家学习生活的心情变得愉悦，同时也触发了更高昂的学习热情。这都是交往的魅力，在成功的交往过程，所有心理调节、文化适应的问题都不成为问题，一切迎刃而解。

有针对性的心理健康服务。在心理健康服务的具体案例中，一些心理的、生理的、医药的服务手段是不可缺少的，但不能是简单的、同质化的服务，应该结合个体情况，提供富有针对性的心理健康服务。民族预科生的心理健康服务主体不仅包括专业的心理辅导老师，还包括辅导员、任课教师、班主任、周边同学，甚至周遭看似不相干的人。他们在不知不觉中可能避免了一些事件的发生，缓解了民族预科生某方面的情绪，帮助释放了压力，或者，一些初期症状得到及时发现和处理，避免了病情的恶化及其他不良结果的发生。笔者曾经有个学生出现了幻听等症状，比较幸运的是，跟他同宿舍有个同学特别细心，发现了他一些细小的变化，而且引起了重视，及时跟老师报告了这些情况，后来经过与父母沟通得知，该生因为多次高考承受了较大压力，心理卫生出现了问题，严重时有自残倾向。

综合这些信息，专业人士采取了有效的治疗方法，最终得到康复。民族预科生的心理健康服务还有另一方面的特殊性：有时候，当个体出现心理健康状况时，调整修复的客体不是出现心理障碍的个体本身，而可能是他身边的同学、家人、老师，甚至是饮食条件、气候环境。笔者有个西藏女学生，自从入学后就郁郁寡欢，后来竟然出现大量缺勤旷课。经了解，该生入学后低原反应症状严重，长时间得不到缓解，身体方面出现很大的生理反应，严重时下肢水肿且神经麻痹。医生诊断，该生可能身体特殊，无法克服气候的巨大变化。最终学校给该生办理了转学手续，转学后，该生一切恢复正常，学生和家长都非常感激。

（三）文化适应与学生能力发展

文化环境的改善及其他辅助措施对民族预科生的文化适应诚然也会起到一定的作用，但占据主导地位的归根结底是学生自身的综合素质。问题本身和解决问题的能力是此消彼长的，当能力得到一定的发展，问题的影响力会减小，甚至不再成为问题。因此，民族预科学生能力的发展是解决他们在异文化环境下心理调节和文化适应问题的最终钥匙，也是民族预科教育的办学目标。民族预科教育曾经提出“以学生为主体，以学生能力发展为目标”等口号，都是对“促进人的全面发展”这一教育目标的积极回应。

首先，民族预科教育应引导少数民族大学生对文化适应及适应过程中遇到的问题形成正确的认识。在现阶段，各民族文化差异依然非常明显，在文化迁移过程中进行心理调适从而逐步适应新的文化是必经的历程，在文化适应过程中遇到心理障碍及其他文化不适应的状况也是属于正常情况，而不应将其问题化。当知识结构不完善，理解能力有局限时，会把各种差异理解为是障碍，是冲突，而当意识到位，认识水平提升时，则会把差异理解为美，理解为多元，理解为和谐。笔者曾经组织学生开展民族语言展示，舞台上各式语言大放异彩，各种腔调精彩纷呈，台下同学捧腹大笑，完全沉浸在中华语言文化的多姿多彩中，浑然忘记了平时因为普通话不标准带来的尴尬与拘谨，并且意识到暂时的语言障碍是正常的，是多种原因造成的，是可以通过学习改善的。所以，意识是很奇妙的心理感受，意识的先入为主，意识所产生的心理暗示，将会对行为产生较大程度的影响。当我们的注意力集中在问题上，问题可能被放大，解决问题的决心和意志力会受阻；当我们能积极地看待问题，对问题形成正确的意识，发掘积极因素，事物也会朝积极的形势发展。

其次，民族预科教育应将心理健康教育和民族文化教育相结合，帮助学生形成正确的文化价值观。中华民族在几千年的发展过程中，不同民族在生存环境、生活方式、意识形态和文化传统等方面存在差别和对立，并具有不尽相同的现实利益、需要和能力，已形成了多元的文化体系。各民族的文化都极具特色，不可忽视，都在中华文明的发展过程中发出了璀璨光芒，又相互影响、交融，沉淀出中华文明的精髓。中国《宪法》规定："中华人民共和国各民族一律平等。国家保障各少数民族的合法的权益和利益，维护各民族的平等、团结、互助关系。禁止对任何民族的歧视和压迫，禁止破坏民族团结和制造民族分裂的行为。"民族平等、民族团结是中国各民族和谐相处的主旋律。因此，由于对民族文化认识不正确而产生的文化自卑或者狭隘的民族主义心理，都不是正确的民族文化价值观，都会对民族预科生的心理调节和文化适应造成障碍，都是不可取的。

营造良好的民族交流氛围，打造可行的交往平台，培养民族自信，切实提高民族预科生的生活自理和学习能力。相互交流是促进民族预科生了解和适应异文化的有效手段。交流让持有偏见者真实面对自己所体验的真实情况，可能改变简单的刻板印象，在交流中实现“四个互相”（互相信任、互相尊重、互相学习、互相帮助）。交往平台及根据平台开展的针对性活动是促进民族预科生之间交往的必要载体。通过这些实践性活动，民族预科生既可以展示自身优势，也能学习和感受到交往对象的特长，同时还能学会处理人际关系。培育民族自信是民族预科生适应异文化的根本。民族自信源自对自身文化的客观判断和对异文化的充分了解，也是来自亲身体验和实践交往。通过预科阶段的教育，少数民族学生逐渐适应独立生活，自理能力得到强化，掌握了科学的学习方法，知识结构得到完善，语言能力及其他短板得到弥补，学习成绩稳步提升，这意味着学生的能力得到全面提升，也意味着学生心理调节的成功和文化适应的逐步完成，这是民族预科培养目标之一。

第十章
民族预科教育课程设置与培养模式创新

《国家中长期教育改革和发展规划纲要（2010—2020年）》明确指出："加快民族教育事业发展，对于推动少数民族和民族地区经济社会发展，促进各民族共同团结奋斗、共同繁荣发展，具有重大而深远的意义"，要"进一步办好高校民族预科班"。全国民族预科班在校生人数近2万人，有15所民族院校和北京邮电大学等10多所非民族院校有民族预科教育机构，包括北京大学、清华大学在内的100多所高等学校招收少数民族预科，民族预科教育是中国教育体系的重要组成分。

民族预科教育是大学教育的重要组成部分，应服务于高等教育的总体目标和功能。瞿葆奎、郑金洲主编的《教育基本理论之研究》中谈道："教育活动的结果和作用，即教育在与个体及社会之间相互影响的过程中所发生的作用。它主要是指教育活动在人的发展和社会发展中已经产生和即将产生的变化和结果。"目前对高等教育的课程教育的功能，学界虽有不同的看法，但高等教育课程教育的总体功能可以归结为：

① 高等教育在构建和谐社会中，坚持以人为本，具有培养人自由发展和全面发展的功能。② 高等教育在构建和谐社会中，具有人才培养为经济社会发展提供智力支持的功能。③ 高等教育在构建和谐社会中，具有弘扬民族精神，培养责任意识的教育引导功能。④ 传承文明，加强学校文化建设是高等教育应担负的责任。

还有一种观点沿用教育功能理论分析高等教育，其观点是：高等教育的功能一方面是对人的作用，另一方面是对社会的作用，这两种功能是相互联系、相互统一的。社会功能又包括政治功能，经济功能，文化功能。还有一种观点认为高等教育的三种功能，分别是教学功能、科研功能、服务社会的功能。有的论点虽然表述有些差异，如将“教学”表述成“培养人”或“育人”，但其基本含义都是一致的。持此观点的人在前两种观点的基础上，或将其拓展开来，或增加新的功能。例如杨德广认为，除了教育功能、科研功能和服务功能外，还有产业功能和交流功能。厉以贤主编的《现代教育原理》书中提出，高等教育的功能有经济功能、文化功能、政治功能，调整社会人才结构和流动的功能，促进人的身心多方面协调发展的功能。持多功能观的人虽然表述多样，但其内涵均未超越前面的二功能说和三功能说。

与课程的总体功能相适应的，在预科教育实践中最紧要的问题就是课程体系的设置。课程体系是指各门课程组成的一个具有相互关联性和整体性的课程系统，它不仅仅是几门课程的简单设置与拼凑，还包括课程培养目标确立、课程结构设计、课程功能实现和课程实施以及课程评价方法等方面的内容。

根据民族教育的根本要求和高等教育的功能定位，民族预科课程体系的总体目标应该为以下几点：① 完善民族教育。② 为少数民族和民族地区培养人才，推动地区经济和社会发展。③ 促进民族团结，加强爱国主义教育。因此，民族预科教育还应具备补偿功能、教育功能和民族团结功能。

然而，学界对于民族预科教育课程设置进行深入研究的著作和文章很少，就现有的文献资料来看，不仅研究的数量少，而且深度也不够。除了一篇以中央民族大学为例的民族预科教育研究博士论文外，未见专门著作研究，研究论文发表的杂志级别也较普通。民族预科的课程设置研究尚未成为高等教育研究的关注点和创新点。

一、民族预科教育课程体系研究的现状

（一）民族预科的课程设置和课程体系

教育部规定："民族预科教育的课程设置，按照突出重点、加强基础、兼顾专业的原则，开设汉语文、数学、外语、计算机和马克思主义理论思想政治教育课程。根据文、理科学科特点，也可以开设必要的专业基础知识讲座。"这个规定只是做了原则性的要求，而在实际的办学过程中，各院校都根据本校的实际招生和教学情况进行了贯彻落实和相应的变通。目前，学术界对于民族预科课程设置问题的关注度不够，研究成果有限（仅有宋太成《民族预科教育课程体系改革初探》2005，刘翠兰《民族预科教育课程体系改革的思路与举措》2007，张晓勤、欧阳常青《新形势下民族预科教育的定位及课程设置探究》2008，卜爱华等《中国少数民族本科预科课程教学定位的基本依据与原则探析》2011，李本友、马金晶《少数民族预科学生教育的课程设计变革——基于多元文化教育的视角》2010，岑文《试论预科课程改革》2005 等文章涉及或部分涉及）。

（二）民族预科的课程教学研究

民族预科课程教学的成果主要集中在汉语文、数学、外语这三门课程方面，研究领域涉及课程教学原则、方法、内容，汉语水平考试与教学的关系、分层教学、学生学习汉语的心理等诸多方面（如刘小玲《语文分层教学之我见》2013，霍侠等《少数民族预科生英语习得过程中的文化导入》2013，徐玉婷等《关于民族预科生高等数学课程的教学及优化策略》2013，陈晓云《关于预科汉语视听说课程教学的思考》2012，多杰才让等《预科物理课程与教学的跨文化研究》2012，刘长莉《民族预科英语教学目标的定位》2011，李福《完善民族预科语文教育的整体构想》2011）。近三年来，关于预科课程教学的研究的论文较多，但是都是针对于主干课程来说，物理、化学、思想政治、体育、计算机等课程的研究成果十分有限，历史、地理等预科课程的教堂研究还是空白。

（三）民族预科教育综合研究

从宏观角度研究民族预科教育的科研成果较多，主要集中在预科教育的必要性、预科教育的基本定位、属性，预科教育的历史现状及发展趋势、预科教育层次的特殊性，预科教育模式研究、预科教育改革和各门课程的教学改革等方面（如宋太成《民族预科教育简述》2002，宋太成等《少数民族预科教育培养模式研究与实践》2005，吉克跃林《少数民族预科教育模式研究》2011，张广君《民族预科教育的基本定位、基本属性及其研究》2004，庞晶等《关于加强与改进民族预科教育的探索与研究》2003，程安垣《论民族预科教育的发展与教育公平的实现》2011）。关于课程设置、培养目标、教育评价体系等问题学界有些许研究，（如马军《多元拓展民族预科教育的教学布局》2004，张晓勤等《新形势下民族预科教育的定位课程研究》

2008，程安垣等《对新时期民族预科教育培养目标的再认识》2010，武金峰等《新疆高校民族预科教育评价体系研究》2011），但是总体来看研究成果偏少，论述也较笼统，或是只对部分地区的民族预科教育有借鉴意义。

全国的民族预科教育取得了丰富的办学经验，这是保障民族预科教育事业健康发展的重要条件。但是，民族预科教育教学研究在深度广度方面尚待加强，课程体系构建研究是预科教育研究的关节之处，而课程体系的建设问题学界是有所论及，但是论者较少，成果也较少，能明确认识到预科课程相互关联性和目标与功能的整体性，注重课程的设置和实施的实践性的研究成果就更少了。因此，民族预科的课程体系研究可以作为对预科教育教学研究深入探析的切入点。

二、民族预科教育课程体系创新的必要性和亟待解决的问题

（一）创新的必要性

1. 预科教育现状的需求

随着中国基础教育水平的提升和高等教育的快速发展，民族预科教育的生源质量有了大幅的提升，部分民族院校招收的预科生的录取分数线已超过所属省区的一本线。但是，目前许多高校的民族预科教育的功能定位仍然是文化补习的属性，其培养方案和课程设置已不能满足学生的需求，出现了大部分学生“吃不饱”，小部分学生“消化不良”的现象，并进而引起学生对学习失去兴趣，和厌学的情绪。随着高等教育改革的逐步深入，民族预科教育的改革已进入深水区。在以人为本的科学发展观的指导下，民族预科教育改革“怎样改”“改什么”，既要满足预科学生的个性需求，

又能促进学生的全面发展，是每一个预科培养单位必须直面的问题。我们认为，从教育培养的视角来看，预科教育教学研究的核心问题就是课程体系的改革与创新。

2. 教育科学的自身发展

预科教育是高等教育特殊的一部分，理应遵循高等教育的规律。而预科课程体系的研究与完善是高等教育科学的关注热点和创新内容。预科教育的研究没理由忽视这一领域。而就现状来说，民族预科课程体系的研究几乎是一个盲点。从现有研究文献来看，仅有寥寥数篇关于民族预科教育课程体系研究的论文。研究的力度与关注的热度都不够，研究的水平没有跟上高等教育课程体系研究的步伐。

3. 教学实际的需求

在实际的教学中，中学的课程改革一直如火如荼地进行着，预科学生的知识积累、知识视野和对新兴科学的关注与以往的学生相较有着相当大的不同。如果承袭老一套的预科课程设置和教学方法，无疑会影响实际的教学效果。

（二）亟待解决的问题

在民族预科教育实践中，各院校开设的课程存在随意开课、课程的关联性和整体性不够等问题。课程越开越多，却不成体系，或是不符合预科教育的规律和实际。因此在预科教育课程教学的实践过程中，有如下亟待解决的问题：① 课程结构目标、具体课程目标反映课程体系总目标程度不够。② 课程结构不够明晰。③ 课程功能单一。民族预科的功能决不仅仅是补习的功能，升学、补偿、育人、民族团结等都是民族预科教育应当承担的任务。④ 课程实施方面，办学理念、教学管理 、教学组织形式等方面观念落后，跟不上民族预科教育的发展形势 。⑤ 课程评价方式单一。仅以结业考试考核学生预科学习状况和课程教学效果的方式显然过于单调，与素质教育和教育公平性相悖离，跟不上民族预科教育的发展形势 。

正因为民族预科的教育实际中存在着种种问题，课程体系建设的一系列理论问题的研究滞后于教学实践，民族预科教育的课程体系需要有一个清晰的建构，从培养目标、办学理念、教学管理、课程结构、课程功能、课程评估等方面指导民族预科教育实践。

三、课程体系创新的思路

课程体系是指教学中诸多课程互相联系而构成的整体。课程体系与一门课程的关系，犹如本与末的关系，如果只抓一门课程或一个专业课程体系的改革，只能是舍本逐末。课程体系又是由各门课程组成的一个具有相互关联性和整体性的课程系统，它并不仅仅是几门课程的简单设置与拼凑，还包括课程培养目标确立、课程结构设计、课程功能实现和课程实施，以及课程评价方法等方面的内容。因此，创建课程体系需要做到：

（1）确定预科课程教育的总体目标、课程总体功能，课程的评价方法（比如学分制）根据总体目标和功能确定课程的结构，定出主干课程、专业课程、选修课程和通识课程等内容。

（2）根据课程的主要结构，拟定主要结构课程的培养目标和功能，根据培养目标和功能，确定开设的具体课程。例如，主干课程中有语、数、外、政治、计算机等。专业课分文理，文科的专业课有历史、地理，理科有物理和化学等。选修课如哲学、美学、数学文化等，通识课可以分为中国传统文化、民族理论与政策、经济学入门、法律基础、心理学入门等课程。

（3）制定每门课程的具体课程目标、课程功能及课程的评价方式，用于指导课程的教学工作，使具体课程都能围绕预科教育的特点、总体目标及各项功能进行教学。

（4）在体系中根据预科教学的补偿功能，考虑到生源的差异性，倡导先期考核，在预科学生入学伊始，对其语、数、外三门主干课程进行学前测试，再根据测试的成绩，进行专门的补习课程学习。

（5）结合新生的入学教育，开设预科学习导论课程，从科学的学习方法、科学研究入门、心理适应、升本专业介绍等方面，结合预科教育的特殊性、预科学生的实际特点展开教育，让预科学生明了预科学习目的，尽快适应大学学习，真正实现预科的育人的功能和实现民族团结教育的任务 。

四、课程体系实际问题及创新的具体方法

预科课程教育肩负的任务：少数民族预科班要根据少数民族学生的特点，采取特殊措施，着重提高文化基础知识，加强基本技能的训练，使学生在德育、智育、体育几个方面都得到进一步发展与提高，为在高等院校本、专科进行专业学习打下良好基础。因此，预科课程需要是预科的专业教师精心设计，用于满足预科阶段及以后教学的实际需要。

（一）学前测试 + 分层教学

因为预科招生的特殊性，预科学生的生源差异极大。以中南民族大学预科教育学院为例，在 2013 级预科学生招生过程中，在部门省份以一本线招生，部门地区只需上了二本线就可以，学生高考分数相差极大。在入学的学生中，同是新疆籍学生，有些是民考汉的学生，有些是双语班学生，汉语的水平和英语水平存在着显著的差异，倘若“一刀切”，用完全相同的教材和教学方法，显然程度好的同学觉得过于简单，程度稍差的同学听

不懂。在长期的预科教育实践中，我们发现，这个问题对于学生的学习积极性有着很大的影响。

预科教育存在一个普遍的现象是学生的文化水平差异巨大，非一般本科教育可比。从代培院校的层次来看，既有一本院校也有普通的二本院校。从生源地来看，既有中东部经济文化发达的地区，也有边远地区。从预科生入校时的高考成绩，可以看出这种分野极其明显，很难在同一维度，用同一种教学方式进行课堂教学，因此分层教学已经是大部分预科院校采用的解决方法。

预科代培单位普遍采用的分层教学大致有三种形式，第一种是分新疆班、西藏班等形式，如西南民族大学、中央民族大学等。这种分层教学方式已经实施多年，并取得了较好的效果。边疆地区学生（特别是民考民和双语班的学生）汉语言水平和内地学生有较大差距，在听课能力、表达能力、汉语言的阅读理解能力都有很大不足。这点不仅存在于语文、汉语课程中，在英语教学中也体现的十分明显。民考民的学生以本民族语言为母语，以汉语言为语言学习的主要课程，英语的水平大多为零基础。双语班的学生，英语水平也十分不理想。在语言课程中，这种差异巨大，如若放在同一个班级教学，势必会造成两种状况，一是用较高的水平要求，部门语言基础薄弱的学生完全听不懂，严重影响上课的效果，丧失学习兴趣，造成自暴自弃的不良情绪。二是用较低的水平要求，照顾这类学生，又会使语言基础程度较好的内地学生觉得课程太过于简单，认为都会了，没有必要学，吃不饱，觉得预科学习学不到新的知识和内容，浪费时间。

我们认为，少数民族学生应与汉族学生同班级学习、同宿舍生活，不仅语言上进步快，认识到学习水平差距，还能促进民族团结和融合，充分体现高校教育从“族群多样性”向“跨族群互动”的转变。因此分成新疆班和西藏班教学也存在明显的缺陷：一是新疆和西藏班中学生的目标院校不同，学习程度也有较大的差别，一本院校学生和二本院校学生在学习基础上是存在一定差距的。二是新疆和西藏等地区来的学生来内地学习，除了要学习文化课程外，还要提高语言水平，进行广泛而深入的文化交流，合适的语言环境必不可少，因此分成地区班来教学在语境教学和文化交流方面存在诸多问题。

第二种形式是书院制，这是一种不明言的分层教学。在这方面，宁夏大学的预科民族教育学院进行了较大规模的改革和有益的尝试。与古代的书院不尽相同的是在全院内进行分层教学。根据目标院校的不同，在预科学生入学伊始，就将其编入不同的书院，并不凸显书院的名称分别为“文质书院”“其正书院”“至善书院”。层次的差异，不明确指出这是一种分层教学，学生并不在意书院之间的差异，从而减轻了学生的心理负担，不会理解成快慢班。同一书院内的学生的基础课水平差异较小，在教学内容的安排上比较容易处理。每个书院根据各自学生的特点制定教学目标和教学内容，课外的实践活动也不尽相同。同一起点，共同进步，追赶先进书院，成了学习和培养的目标和动力。这种尝试和创新极具现实意义和可操作性。

书院制也存在一些适用条件：一是生源的数量要大，适用于较大规模的预科学院，人数众多，才能形成较大规模的单个书院，多个书院你追我赶才能形成良好的学习氛围和竞争意识。二是师资力量强大，每个书院有不同的教学要求和教学内容，开设的课程、教学方法互不相同。这就对教师的人数和教学能力提出较高的要求。开设课程数量惊人，非一般小型的预科培养单位能做到。总体来说，书院制为规模较大的预科培养单位提供了一种有创新意识、目标明确、可实施的培养模式。

第三种是补习班形式。中南民族大学预科教育学院已经实施这种模式多年。在预科学生入校报到后，立即进行英语、数学等课程的水平考试。考查内容为高中学习内容和部分应知应会的基础知识。根据考试成绩划定较为合理的分数线，线上的同学正常参加通用课程的课堂（A 课）教学。英语和数学课程的分层教学也根据课程性质的不同使用了不同的形式。英语测式分数线下的学生的英语课程放在 B 班，教材的选择为零起点英语。数学课程则是边上高等数学的内容，课后安排针对数学测 试分数线下学生的补习课，补充学习高中的数学知识和高等数学难点内容。在预科第一学期的学习后，根据期末考试的情况，学习水平赶上来的学生可以不再上补习班，而原来线上的学生如果在第一学期高等数学学得不理想，在第二学期，也会被要求上补习课程。

在具体的课堂教学实践中，这种分层教学模式取得了良好的效果。学生的学习兴趣浓厚。英语和数学课程分层教学的课堂授课时间错开，部分英语 B 班学生在上补习课程同时，学有余力，可旁听 A 班的课程，既对自己有较高的要求，也没有学习较难知识的心理负担。数学课程则是不进则退，补习班学生名单的变化，也鞭策着每个学生力求好的学习成绩。

这种分层教学模式在具体的实践中，教学效果良好，当然也存在一些细节问题：如数学课程学习压力大，心理负担较重。在英语课程的分层教学中存在的问题，则是 AB 班的学生英语水平差异太大，A 班是零起点，B 班是大学英语水平，要站在同一起跑线上用一年的预科学习时间学习，一起参加预科的英语课程会考，B 班学生会有一些心理落差。

语文课程方面的分层教学也是必要而且现实的，随着预科教育的政策变化，新疆籍的民考民和双语班的学生原则放在新疆内培养，语文课程的学习层次差异在日益缩小。现在语文类课程的学习基本认同的做法是，民考民的学生为两年制预科，第一年的语文课程是汉语精读、泛读和写作课程，第二年才开设大学语文课程。双语班的预科生为一年制，学习的课程是《汉语》，这也符合教育部对于预科语文课的定位——熟练掌握国家通用语言的要求。民考汉的和内地预科生则用一年的时间学习《大学语文》课程，学习内容为古典文学、现当代文学和外国文学的名家名篇。分层教学是语言文字类课程预科教师的共识，并已经在积极地推进和逐步实施中。

本科教学实施分层教学多年，一年级新生入学时就进行摸底考试，英语和数学类课程都分为 AB 班教学。预科学生的差异较本科更为巨大，课程改革与创新势在必行。这其中还存在一个问题，怎样做出有与本科不同的分层教学，体现预科的特色，更符合预科教学的实际，是值得研究和深挖的问题。

（二）主干课程 + 专业课程

主干课程中有语、数、外、政治、计算机等，专业课分文理，文科的专业课有历史、地理，理科有物理和化学等。主干课程补习了高中课程中没有学深学透的内容。例如，语文课程的学习中，除了现当代文学外，开设古典文学、外国文学，使在中学阶段没有接触过古典文学作品的学生，对于中国优秀传统文化的有一定的了解。而对于有一定古典文学学习功底的同学，则可加强文学史的观念，了解中国文学发展不同阶段的不同特点。再如，政治课程，在复习基本政治概念之外，还存在实际的教学中加入国际政治和时事政治的相关内容，巩固基础、提高认识。

在专业课中，针对文科学生，开设历史文化、经济地理等专业课程，高中的地理和历史课程在专业课的学习中得到了复习巩固，在这些课程中又孕育着大学的专业学习基础，如经济学、社会学、哲学等专业的入门知识。

由于预科学生的生源与一般本科有明显差异，预科生往往在中学文化课程的学习中有些不足，在高考的评价体系中已有显现。为了补足中学文化课程的学习，预科开设了高中的基础文化课程：语文、数学、英语等主干文化课程，文科学生开设了历史文化、地理。理科学生开设物理、化学。这种主干课程加专业课模式可以为本科阶段学习打下专业课程的学习基础，也可以补足高中文化课程学习的薄弱点。

但是在高考制度改革的新形势下，原有的文理分科教学将逐渐淡化。文理科的课程打通，除去语、数、英课程外，在其他的必修的主干课程中，应逐步实现文理互选。

（三）选修课 + 通识课

因为预科学生的特殊性，预科学生在一年的预科学习之后，要根据学习的情况和个人的志愿，选择和分配专业。大多数预科学生在入学前对于大学的专业认识模糊，还停留在高中的语文、数学、英语等课程分类的认知水平上。为了让预科学生更好地了解大学的专业，为预科结业后选择专业提供参考，预科可根据普通高校开设常见专业，根据本单位师资的实际情况，开设一些与预科教师科研相关的选修课程。选修课可开设为哲学、美学、数学文化、英美文化、历史著作选读、解析几何、民族文化与旅游等。选修课的开设既可以拓展学生的知识面，又可促进对于大学专业的深入认识，是一项意义深远的课程改革方式。

选修课的设置具有以下优点：可加强文理学科的相互渗透和融合；可实现公共课、基础课、专业基础课、专业课之间，必修课、限定性选修课、任意性选修课之间的相互平衡；可使各种知识与课程之间有机互补，避免给学生以片断、零散的知识；可满足社会、经济发展及学生个人的需求。

美国高校课程中自由选修课约占1/3；被誉为“总经理的摇篮”的哈佛商学院，要求必修的课程只有12门，可供自由选修的课程有几十门。MIT为本科生开设了600余门人文社科课程供学生选修。日本名古屋大学数学专业设5门必修课，而选修课则有101门；物理学专业设9门必修课，选修课是72门；化学专业设15门必修课，选修课34门。①

在传统的语数外，史地生课程之外，还应利用预科教师的专业和科研方向，适度地开设一些专业入门课程，由于每个学生的能力水平、兴趣爱好不同，因此这类课程宜用选修的方式对学有余力的学生开展。如对文学感兴趣的学生，可以在语文课程之外，选修一些文学欣赏、文学理论等课程；对历史与文化内容感兴趣的学生，可以选修古代典籍导读、文化学、人类学、社会学、美学、哲学入门等课程。对数学学科有兴趣的学生可以选择概率统计、空间解析几何等课程。对英语学习感兴趣的学生可以修选英美文化概述、商务英语入门等课程。

这些选修课程的开设不仅是具有现实意义，而且具备可操作性。随着高校教师队伍的素质的不断提高，预科教师都具备高学历，有着专业研究方向和技能，在专业研究方面也较为深入。这给开设专业选修课程带来了极大的便利。

在实际操作中，选修之外，还可以针对全部学生开通识课。通识课可以分为中国传统文化、经济学入门、法律基础、心理学入门等课程。随着社会的进步，科学技术的日新月异，人才的多样性和培养人才理念的多元化，委托培养院校的要求也在不断变化与提高中。本科的课程丰富多彩，预科的课程也应顺应时代的变化，光靠补习高中的课程已经不够，开拓学

① 季诚均：《试论高校课程体系中的四大关系》，《高等工程教育研究》2002年第6期。

生的视野，培养学生学习本科专业的兴趣，对本科的学科有基本的了解，才能让他们更好地认清自己的兴趣和长处所在，在学习上便不会盲目，听之任之。这才是预科的预真正要实现的目标。

总之，民族预科教育课程体系应正确处理专业与通识、共性与个性、实践与理论、课内与课外的关系，在学生、学科、社会三者之间追求最大限度的统一，寻求整体价值的融合，努力把个人的发展、社会的要求、学科的进步贯穿于课程体系的设置之中，让学生在一个“宽专业、厚基础、重实践、强个性”的课程体系中受益。

（四）民族团结课程＋预科导论课

社会主义社会各民族之间的团结，是以中国共产党的领导和党的团结为核心的，是以社会主义制度和祖国统一为基础的。作为中国民族政策体系的重要组成部分。民族团结进步事业是建设中国特色社会主义伟大事业的重要组成部分。发展中国民族团结进步事业，就是要在巩固和发展社会主义民族关系的基础上，全国各族人民和睦相处、和衷共济、和谐发展，促进社会主义祖国的繁荣昌盛，维护社会主义祖国的统一安全，同心同德为建设中国特色社会主义、实现中华民族的伟大复兴而奋斗。这是各族人民共同的事业，是各民族每一个成员的神圣职责和光荣义务。每个人都要高举民族大团结的旗帜，弘扬伟大的爱国主义精神，像爱护自己的眼睛一样爱护民族团结，像爱护自己的生命一样维护社会稳定，自觉做民族团结进步事业的建设者、促进者。

把民族团结教育课程列为课程体系的原因在于预科学生的特殊性。少数民族学生人群，由于风俗习惯和民族文化差异，还有些地方的学生对于中国的基本民族政策了解不足。在高中阶段以文化课程学习为主，高考的指挥棒影响了部分学校的民族团结教育的深入开展。在预科的教育实践中，民族团结教育应放在首位理应体现在课程设置中。这部分的课程可以分为三个部分，一是对民族理论与民族政策的解读与认知，使少数民族学生了解中国民族政策的科学性。二是政治思想课程，除去民族理论课程，对于当代中国政治、经济状况的深入介绍，可以使预科学生对于中国改革开放以来取得的伟大成就产生由衷的自豪感和使命感。三是中国传统历史文化的了解，中华文明五千年的历史谱写了宽和、以德治国的理想，对历史上曾经发生的民族纷争所引发的思考，会让学生更加珍惜来之不易的民族团结与国家昌盛的局面。

预科导论课程。预科是高等教育的一个特殊的阶段性教育。很多预科生对于预科教育有一定的误解。大致有这么几种认识：① 预科的课程是补习高中课程；② 预科就是先上一年本科一年级；③ 预科课程很简单，应付了课程就能顺利结业。对于入学前茫然无措的预科生，需要让他们了解预科的教育意义和目标，预科的学习要求，预科期间如何安排学习和生活及心理调试。中南民族大学开设预科教育导论课程多年，积累了丰富的教育经验。在预科的第一学期，开设了导论课程，使学生对于预科的学习有了深入的了解，明确预科学习的目的和意义，并且在课程学习之外，了解了大学自主学习的方法和学术研究的基本方法和路径，为今后一年高品质的预科学习打下了良好的知识基础和心理构建。

（五）结业论文（课程设计）+ 应用能力课程

随着预科会考制度的逐步推进，语、数、外等课程已经全面实施全国会考。这些参与会考的课程引起了预科办学单位的足够重视，用抓成绩，加课时等方式不断提高教学质量和会考成绩。但是部分学校的教学仅仅围绕着课本和教学、考试大纲进行，学生的创新及实践能力在会考科目及考查中得不到应有的锻炼和提高。对于生源较好的预科培养单位来说，以理论课程为主的教学模式并不能满足需求。虽然高考成绩有一定的差距，但并不代表预科学生的学习能力和创新能力比本科新生差，有些学生在学术研究和实践创新方面还是具备一定的能力的。中南民族大学预科教育学院，就曾经连续两年尝试让学生在课程学习的结业考试之外，增加了结业论文的写作。学生在写作学术论文的过程中，找到了感兴趣的专业方向，学会了如何查找和整理文献资料，如何确定学术研究的选题，以及写作学术论文的规范格式。部分优秀学生的论文写作水平超过本科生的毕业论文写作水平。

而对于部分写作结业论文有困难的学生，可以尝试进行课程设计的写作。找到感兴趣的课程、发现课程学习中的问题、思考解决的方法和路径，同样能促进学生在课程学习中发现问题、尝试解决问题，学思结合。

预科教育教学的变化，使得学生已经不满足于课堂学习课本知识，都希望能在工作能力上一展身手，从预科结业去本科后担任学生干部的学生也不在少数。在学生干部和社团工作中，会遇到诸多非专业课程学习解决的实际问题。对学生的写作能力、演讲能力、辩论技能、英语口语交际、策划活动的能力都有一定要求。这就需要预科不仅培养和输出的是一个只会考试的学生，还要求有多方面的能力，才能在未来的学习和工作中，脱颖而出。

预科学生参与的各种比赛很多，比如校级、省级的辩论、策划、英语等大赛，预科学生同样有参赛的热情和能力，但是缺少必备的相关知识。鉴于这种趋势，预科的课程中可适当进行一些有益的补充，在必修课程和选修课程之外，补充一些对学生学习和工作能力有益的系列讲座课程。例如,《口才与演讲》《学术论文写作》《校园活动策划》《英语的日常交流》《沟通艺术》《美容》《健康》等讲座，既结合了学生的学习兴趣和工作实际，也拓展了视野，增强学生参与社会实践的兴趣和信心。

除去实质性的课程之外，潜在课程也应在预科教育的课程体系之列。潜在课程既非学校专门教育又非教授特意传授的东西，这些内容无须在课堂中讲授，它蕴藏在优秀的任课教师、科学的课程设置、高层次的办学方向和良好的教育环境中。学生在学校各种活动的参与中，能够在潜移默化的熏陶中，领悟生活的价值和人生的真谛，培养丰富的情感和科学思维，磨炼出坚强的意志，形成健康的人格，提高自身的综合素质，促进学生的全面发展。“潜在课程构建策略，① 加强校园和院系文化建设。精神性潜在课程，是潜在课程的灵魂。② 建立和谐的师生关系，增强教师潜在课程意识。③ 加强学生规章制度建设，不断提高规范的标准和要求，引导、规范、激励机制，培养学生良好的行为习惯。”①

预科培养单位的文化建设、规章制度、各项课外活动的组织、教师在与学生的交流中的以身为范、精神引导也起着至关重要教育的作用。

以上五大部分构成的预科课程体系，兼顾了生源地差异、目标院校的培养差异、文化课水平差异。课程设置集中体现了教育部民族教育司制定的预科培养目标。以预科教育导论课程为先导，引领学生顺利进入预科学习状态；以主干文化课为主，夯实本科学习的知识基础，缩小预科生与本科生的差距；以通识、选修课为辅，引导学生找到感兴趣的本科专业和专业学习方向；应用能力课程为实践，锻炼学生的实践能力；分层次教学为补充，让文化程度较差的学生，能尽快跟上大学学习的节奏；民族团结课

① 田斌：《试论大学潜在课程体系的构建》，《沈阳师范大学学报》（社会科学版）2009年第4期。

程为中心，让民族团结理念深植预科生心间。

《国家中长期教育改革和发展规划纲要（2010—2020 年）》中指出教育发展优先向民族地区倾斜的战略，重点是长效推进民族教育尤其是民族高等教育，而发展普通高校民族预科班和民族班教育是实现这一战略目标的最有效途径。唯有设计出科学合理、符合实际的预科课程体系才能实现民族预科教育的诉求。在教育部民族教育司和国家民委高等教育司对于预科教育事业的领导下，随着全国会考制度的推进，为了适应预科教育不断发展的新形势，各个预科培养单位对于适合本校预科生学习状况的课程体系研究也将会逐步深化。

第十一章
考核评价体系与培养模式创新

教育部、国家民委在《关于加强领导和进一步办好高等院校少数民族民族班的意见》中指出："根据少数民族学生的特点，采取特殊措施，着重提高文化基础知识，加强基本技能的训练，使学生在德育、智育、体育几个方面都得到进一步发展与提高，为在高等院校本科、专科进行专业学习打下良好的基础。" 有了科学合理的课程体系还只是实现预科教育功能的一部分，还要有合理、严谨的课程评价标准、课程考试之外，学生的自主学习能力、社会实践能力、创新能力如何评价？这些都是预科教育评价体系中应该考虑的要素。因此客观、科学、合理的建立预科教育的评价和培养方案，是体现预科教育民族性、科学性、公平原则的关键之处。

一、现有民族预科教育评价方式和培养模式存在的问题

《普通高等学校少数民族预科班、民族班管理办法（试行）》规定："考核分为考试和考查两种，考试采用百分制，考查采用百分制或五级制（优、良、中、及格、不及格）记分，同时考核合格者，学校发给结业证书，并

报学生转入的本、专科（高职）招生学校，未取得预科结业证书者，退回生源地区。”文件中规定了预科教育的课程考试和考核的主要方式，具有总体的指导意义，在各个预科培养单位的实际工作中，仍有许多值得思索和创新的地方。

（一）民族预科生综合素质的有待考核

中共中央国务院《关于深化教育改革全面推进素质教育的决定》（以下简称《决定》）颁布，已经给教育理论界对于素质教育定义争论不休的问题做出科学的解说。《决定》明确提出：“实施素质教育，就是全面贯彻党的教育方针，以提高国民素质为根本宗旨，以培养学生创新精神和实践能力为重点，造就‘有理想、有道德、有文化、有纪律’的德智体美等全面发展的社会主义事业建设者和接班人”，《决定》中不仅廓清了“素质教育”的概念，而且把培养创新精神和实践能力视为素质教育的关键，即素质教育必须着力彰显的基本要义。

全面实施民族预科学生综合素质培养，提升学生综合素质，既是国家的要求，又是少数民族青年学生成长的需要。因此，增加综合素质的考核内容，建立统一、规范、科学的民族预科考核制度，对民族预科学生实行全国统一考核，势在必行。建立以综合素质评价为主导的民族预科学生考核制度是民族预科教育走内涵式发展道路的必然要求，是全面提升民族预科生学生综合素质水平的重要保证，是实施民族预科教育教学质量评估的参考依据。①

综合素质教育观念新的变化就是创新，创新是分层次的，科学家、发

① 韩思奇、张立文：《建立民族预科统一考核制度应遵循的原则及构想》，《中国民族教育》2012年第9期。

明家和企业家可以创新，预科学生也完全能够在他们的学习过程中实现创新。具体来说，根据预科学习阶段的生理、心理特点，进行适应性创新教育，以尽早尽快地激发他们的创新意识。我们的教育对象将要面对的是一个从学科知识高度分化走向高度综合的社会，这个时代成功的关键因素不仅在于新创意的不断涌现，而且在于这些新创意的实现。只是由于我们的教育观念滞后，才把学生带进扼杀创新精神、割裂知识本质联系、忽视应用和实践的歧途。尤其在"应试教育"的桎梏下，学生"重组知识"的综合能力、"重新发现"的探索能力和应用知识解决问题的实践能力被基本上阉割，更谈不上什么"首创前所未有"的创造能力。因此，全面推进素质教育，需要按照"创新"的本义，给整个教育过程赋予人类创新活动的特征，为培养未来的创新型人才奠定全面的素质基础。

素质教育观念新的变化必然引出素质教育评价观的发展。正如著名教育学者布鲁姆早就指出的那样，教育工作者"在评价中意识到，他们以往过分强调了教育目标的最低层次——'知识'，因而，把90%的教学时间用于这一层次，而很少把时间花在更高层次的智力活动上，让学生创造性地应用知识"。素质教育评价必须以"创新"为基本价值取向，评价指导思想、评价指标体系和评价方法等，都需要围绕着"创新精神"和"实践能力"进行调整。以"创新"为重点的素质教育评价，不仅需要改变过去那种只关注学生学业成绩的单一总结性评价方式，而且还必须着眼于发现和发展学生的创新潜能，关注每个学生在已有水平上的发展，关注学生发展中的个性差异。新的评价体系和评价模式，要让学生成为评价主体，成为他们认识自己和教育自己的一种教育方式，成为教师改进教学、实现创新教育目标的反馈方式①。预科教育不仅仅停留在知识灌输阶段，预科生

① 韩秀琴：《以创新素质为重点实施素质教育》，《教书育人》2006年第6期。

的自主学习能力、社会实践能力、良好的心理素质、创新能力等综合素质也需要在学习期间进行考核。

（二）会考制度需要进一步完善

2015 年预科全国会考正式拉开序幕，数学和英语成为首批会考科目。2016 年会考制度进一步推进，语、数、英列为会考科目。教育部民族教育司表示预科会考制度将全面铺开，这种以会考为统一考核预科培养单位教学质量和预科生学习水平的模式，在实践中起到了推动教学改革、提高教学质量的作用，各预科培养单位狠抓教学，在会考中均取得了喜人的成绩，但是会考制度仍有一些亟待解决的问题。

1. 会考的科目的设置需要更科学

关于会考科目的设置我们有些疑问：① 双语班的学生是否参加《大学语文》的会考，零起点英语学习的预科学生是否参加《英语》科目考试。民考民的学生是否专设《汉语》科目考试，还是以 MHK 考试成绩代替全国预科会考成绩。② 同一科目的会考是否需要分层考试，民族预科生源较为复杂，由一本院校、二本院校、专科学生组成，每个预科培养单位都有不同生源情况，需要有区别的处理。③ 会考教学大纲和考试大纲需要进行修订。

两年的会考科目教学和考试实践中，发现一些问题，因为要兼顾各层次的预科生学习状况，教学大纲和会考大纲相对于生源较好的院校来说，稍显简单和粗略。以大学语文课程为例，教学大纲中虽然包括了古典文学、现当代文学、外国文学部分，内容丰富，但是考试大纲只有 33 个篇目。为了取得会考的好成绩，很多院校就略去教学大纲中规定的篇目，一年只上 33 篇的考试大纲内容，学生也认为只需要学好这些篇目内容即可，其他的内容可以不学。学习内容不够饱满，大量的教学时间用于应考复习，这种做法虽然能提高会考成绩，但是对于预科生的学习来说是不利的，将本科基础课程预备学习变成了功利的应试学习，而这种状况是一种普遍性的存在，不得不令人忧虑。

2. 会考科目教材需要完备和修订

会考科目确定，会考的教学大纲和考试大纲已制定，会考科目也应有相应的统一的教材。虽然教育部建议使用统一教材。但是在 2015 年参加会考的预科培养单位仅有小部分使用统一教材。2016 年参加会考的预科培养单位仍有部分科目没有使用预科统一教材。这种状况造成了培养单位学生、教师仓促应考，统一考核的质量难以保证。

推究预科培养单位不使用统一教材的原因，大致有以下三种：一是部分会考科目没有统一教材，如民族理论和民族政策课程仍在编写中。二是部分规定的统一教材编写质量不高，以大学语文课程为例，教材中内容虽然丰富，古今中外，诗歌、散文、小说、戏曲、戏剧都有涉及，但是大量的篇目是学生在中学已经学过的内容，如古典文学部分，王维、李白、杜甫的诗歌都是初高中教学内容，而且这些具有代表性的诗人诗歌仅选录一首，别无选择，不仅提不起学生的学习兴趣，也给教师授课带来很多困扰。教材选择的篇目不具有经典性，学习难度差异太大，有些篇目简单到一目了然，有些篇目困难到无从讲起。民族预科教材应有民族特色，因此教材中选了不少少数民族作家的作品，但是就作品的深广性来看，现当代文学部分的作家作品的经典意义不强。三是教材配套教学参考资料缺乏，导致教师使用教材有困难。这不是预科任课教师的水平和能力的问题，而是因为对于同一个内容各授课教师都可能有不同的理解，少有共识，这是文科类课程的普遍存在的现象。既然会考有统一的考题，有标准答案，教学参考资料就必不可少。然而，所有会考科目指定的教材均没有教学参考书，与教材配套的学生用练习册也不完备。

3. 会考阅卷流程需加强管理和监督

会考成绩由机考成绩和笔试成绩两个部分组成，机考部分均是客观题，由电脑阅卷。笔试部分是主观题部分。由于条件所限，主观题部分暂由各培养单位自行阅卷，虽有统一的评分标准，但是在实际操作中，为了尽量提高本校学生的成绩，部分预科培养单位并未严格按照评分标准导致分，评这部分成绩的水分较大，监管不够到位。

4. 会考结果反馈不够

会考结束后，各培养单位能掌握的只有本校参考学生的详细数据，只能对课程学习的知识掌握不足之处加以改进。但是对其他院校的会考情况不甚了解，各单位之间横向比较不够，不了解高水平的预科教学是怎样，差距何在，考完就考完了，没能起到相互竞争、共同进步，以考促教的作用。

综上所述，自 2015 年预科会考制度推行以来，各培养单位都高度重视，狠抓教学，教师教学水平和学生学风都不断进步，但是会考中出现的问题也是不能忽视并迫切需要改进的。

二、民族预科教育评价方式创新思路

民族预科一般理科学习的内容是语文、初等数学、高等数学、英语、计算机、物理、化学、大学预科生入学教育和民族理论与民族政策。文史类除了不学习物理、化学，其他和理工类一样。值得提醒的是，虽然少数民族预科结业，然后进入目标院校是比较容易的，但未能完成结业就意味着面临重读或者退回生源地的危险。况且大多数的学校在进入预科学习前采取了未分专业的形式，考试综合成绩决定了专业选择的是否如愿。在预科生看来，预科学习期间的课程考试成绩预对于今后本科专业的选择有至关重要的影响。大多数学生对于成绩还是十分看重的。以考试评定学生优劣，甚至决定学生命运的教育评价方式，造成教师考什么教什么，学生考什么学什么。这样的教育模式教出来的学生思想保守，缺乏创新意识，书本知识较扎实，但动手能力差，这与我们这个时代的需要南辕北辙。

（一）综合素质教育应成为民族预科教育评价体系的考核目标之一

素质结构可划分为思想道德素质、科学文化素质、身体心理素质、审美素质和劳动素质等若干层面，预科培养单位也可以依此来设计评价的指标体系。创新素质究竟是包容在这些素质之中，还是游离于这些素质层面之外的另一种素质，这是评价实践中所遇到的一个颇有争议的问题。

1. 创新素质

创新素质包容着创造素质，“创新”源于经济学领域，创造力则是心理学中一个十分复杂、颇有争议的概念，仅定义就多达百余种。但无论如何，我们都不应把创造力视为一种与人的其他素质不相关的、没有联系的、孤立和单独的品性来培养。著名心理学家马斯洛指出：“那种有创造力的人才是问题的本质，那么你面临的问题就成为人性转变、性格转变、整个人的充分发展问题。”许多研究也表明，创造性不完全是智力因素影响，更重要的表现在非智力因素方面；另外，任何教育评价所进行的价值判断，特别是针对学生做出的判断，都必须依从于教育目标和人才培养标准。中国传统教育对于学生学习成就的评价准则，通常以学科和知识为中心，而不是以社会需要为标准，所培养的人往往脱离社会生产实践，脱离时代对人才素质的基本要求。21 世纪的人才应该是既知识渊博，又善于学习新知识和善于创新。例如，微软公司需要最有潜力的人，潜力包括聪明才智、创造力、学习能力、对工作的热爱和投入，等等，它认为潜力比专业经验和在校成绩更重要。上述例子都清晰地传递出一个信息：只有具备创新素质的人才，才能适应未来社会需要，学校教育必须加大改革力度，为社会大量提供这种人才[①]。

1991 年，美国政府提出的教改方案，就是在这种“工作分析”前提下建立的。其中，美国劳工部在一份教改方案里明确指出，学校培养人才的“三个基础”，就包含“思维技能”基础，即创造性思考、做出决策、解决问题、想象，知道如何学习和进行推理。这些措施对中国重新认识人才评价标准很有参考价值。面对知识经济时代的到来，全面推进素质教育的重要任务之一，应该是以未来社会发展需求为准则，调整并确立人才评价标准新的坐标，把培养创新人才作为深化教育改革的头等大事。创新素质，单独划分出来进行评价，将有利于发挥教育评价的导向功能，引导教师创造性地教，引导学生创造性地学；将有利于针对“应试教育”的痼疾“对症下药”，使旨在促进学生创新精神和实践能力发展的评价实验具有可能性和可操作性。

因此，在评价体系中加入综合素质考核需要做到以下几点：课程教学和课堂教学中渗透创新素质评价，要重点指向三个方面：其一是学生创新意识的培育；其二是对知识再认、再现的探索能力；其三是将知识重新组合的综合能力和应用能力。这也是构建创新素质评价指标体系中的关键要素，或者说，是课堂教学中素质评价基本的价值取向。

创新意识是创新素质培养的前提，因为人的创新素质不仅将外化为新思想、新技术和新产品的发明创造和应用层面，而且表现为善于发现问题、

① 叶平：《以创新素质为重点实施素质教育评价》，2005 年 1 月 6 日，http://www. teachercn. com/ kcgg/kcpj/2006-1/10/20060119165202461. html。

求新求变、积极探究的心理取向。创新能力也“绝不仅仅是一种智力特征，更是一种人格特征，是一种精神状态，是一种综合素质”。创新意识包括强烈的创造激情、探索欲、求知欲、好奇心、进取心、自信心等心理品质，也包括具有远大的理想、不畏艰险的勇气、锲而不舍的意志等非智力因素。正如江泽民同志所说的：“每一个学校，都要爱护和培养学生的好奇心、求知欲”，要“营造崇尚真知、追求真理的氛围，为学生的禀赋和潜能的充分开发创造一种宽松的环境。”而坚持正确的评价导向，最大限度地鼓励和保护学生的创新意识，正是为营造这种氛围和宽松环境创造基础的条件。

对知识“再次发现”探索式学习的认同，本身就是坚持了科学精神。这种认同要求通过评价激励学生不盲目接受和被动记忆课本或教师传授的知识，而主动地进行自我探索，把学习过程变成一种“再次发现”人类以往积累的知识的参与式活动。科学（包括自然科学和社会科学）是知识系统，学习科学并不是为了记忆和背诵真理，而是为了认识和不断更新真理，教学中强调的应该是“发现”知识的过程，而不是简单地获取结果。对知识“重新组合”和应用能力的评价，就是判断学生是否具备把原来几种知识联系起来合成为一种综合知识，或者把一种知识拆分成几个部分，然后以新的形式将这些部分重新联系起来，成为具有新特征、新功能、新内容知识的能力。“知识重组”能力即综合能力，组合的独特和新颖标志着创新。传统的教学评价很少考查学生是否能够从总体上观察学科知识系统，创新的教育评价则应鼓励学生有更具活力的的的创新意识和能力。

预科学生的创新能力考核大致有以下几种方式：

（1）组织全国规模的预科生参与的竞赛。这种竞赛内容可以为小论文写作、活动策划、社会调查、课程设计等。全国范围内由预科学生参加的竞赛，可以增强预科生的自豪感和自信心，我们有我们自己的竞赛，有预科的特色，这种做法不仅能提高学生进行创新能力实践的积极性，也会促进预科培养单位之间的交流。

（2）在会考科目的考试中结合课程学习内容增加创新能力的考评。会考内容不应只有知识点的记忆，在主观题部分可以尝试出一些开放性和创意试题，让学生可以调动自己的知识储备，将课堂所学的知识用于实际。

（3）鼓励各预科培养单位开展多种的学生创新能力考核。不仅是统一的考核，各培养院校也有自己院校的特色学生创新素质项目。

2. 思想道德素质

如何才能更好、更有效地促进人的全面发展是一个始终值得不断追求、思考的问题。我们认为完善预科生思想道德评价体系有利于提高预科生的综合素质，有助于促进预科学生的全面发展，是一个有十分重要现实意义的课题。

思想道德素质考核的具体做法可以是① 设立预科学生思想道德素质评定小组，由班级学生思想道德素质评定小组每月对学生综合表现评分填表，相关活动人员参加情况及表现情况记录留存班级。由学生会、团委评定，根据学生参与活动情况，依据评分细则，做好评定工作。保留原始加、减分凭据，做好 加减分记录，每月公布一次。学生互评，每学期末班级召开班会，组织互评，取平均分，原始记录在班级保留。辅导员、 班主任、班主任助理评定，每学期末辅导员会同班主任征求任课教师意见，根据学生学期内综合表现给分。各班级、学生会每月指定时间向全院同学公布评定情况，提供查询与申诉时间，各班级派学生干部负责， 督促班级同学核查自身德育成绩，对有异议德育分进行审核，审核后，公示分数，不得再修改。学期末由学院评定小组汇总，向全院公示总成绩。② 全面考核，突出考核实效要结合学生的实际，确定符合学生思想道德素质发展规律的加减分细则。加分细则主要包括： 寝室评比中，获得甲级寝室者和寝室长。早操出全勤者的加分情况。上课出全勤者的加分情况。积极参加志愿者服务的加分情况。获得如计算机国家等级证书、外语等级证书、专业过级证书，职业资格证书等的加分情况。获得市级以上、校级、院级荣誉称号的 个人和集体加分情况。积极参加主题班会团会活动的加分情况。 积极参加社会实践（ 包括寒暑假社会实践活动、与专业学习 和就业相关的实践活动、社会兼职）者的加分情况。参加学 生社团，并积极参加活动的加分情况。积极参加学校、学院、 班级组织的集体活动的加分情况。积极参加学校组织的市级以上、校级、院级、班级竞赛的加分情况（ 区分个人和集体参加的情况）。献血及参加运动会等市级以上大型活动的情况。为学校做出特殊贡献的情况。在公开刊物上发表论文者的情况，积极参加科研活动的加分情况（参加校级科研项目）。减分细则主要包括：学生违纪扣分（ 旷课、事假、迟到或早退的情况； 不参加集体组织的公益活动和老师、班级、分团委、学生会等组织会议的情况（ 以上各项达到纪律处分，则按纪律处分扣分标准实行，不累计）。③多方协作，严格考核制度。学生思想道德素质考核定量评定工作是一个需要多个部门协同工作，制度上相互衔接，才能确保制度执行效果的工作，预科培养单位在学籍管理、院内评优等制度中都对思想道德素质考核定量评定要求予以明确规定，在学籍管理有关规定中，明确规定学生思想道德素质定量考评学期成绩不及格者，给予淘汰警告，达到淘汰警告者，即做退学处理。 如果学生在预科学习期间，思想道德素质评定不及格，不准结业等等。在院内评优制度中规定，思想道德素质考核定量评定成绩不达优秀，无资格评定校级优秀学生，不达良好者，无资格评定院级优秀学生，不达中等者，无资格评定优秀学生，学院将学生思想道德素质考核定量评定成绩定期通报，确保学生思想道德素质考核定量评定工作的执行效果。

中南民族大学预科教育学院在综合素质考核方面，做了很多创新而有益的尝试，在创新素质方面，我们用结业论文、课程设计等方式，既结合课程学习内容，又考查了学生在学习中发现问题和解决问题的创新能力，学生收获较多，起到了很好的素质教育效果。

而在思想道德素质方面，也有十分详尽又符合本院预科生实际的综合素质评分细则（见附录3）。

教育部门应该制定民族预科生在德育、体育、美育等综合素质上的统一考核制度，根据实际情况，制定可操作性较强的考核细则，颁布考核大纲，明确考核范围、考核内容及量化标准，然后由各个预科培养院组织实施，其考核成绩可考虑占总成绩的30%。这一成绩主要由学生平时参加的各种活动，如知识竞赛、文艺表演、体育竞技、青年志愿者服务和获得的各类奖励等的加分以及触犯校规、法规等各类批评的扣分组成。综合素质统一会考标准的制度，有益于规范中国民族预科教育综合素质考核工作，确保学生评价体系的公平、公正。[①] 综合素质教育在各培养院校都在有序推行，各院校有自己的特色和创新，是否纳入会考体系有待商榷，但是建立一个预科生综合素质的统一考核标准还是值得思考和实践的。

（二）民族预科会考制度逐步完善

预科会考是为了进一步提高少数民族预科的教育教学质量，规范少数民族预科教育教学行为，确保预科学生政治合格、学业达标，努力提升民族预科生的学习能力和水平，加强预科教育管理，健全预科教育评估制度的重大举措，在两年的实践中收效良好，取得了预期的效果。但是鉴于实际存在的问题，可以做以下调整，以期完善。

---

① 冯建新、张静:《民族预科教育会考模式改革研究》,《民族高等教育研究》2016年第1期。

1. 会考科目采用分层测试

教育部门应考虑到民族预科生和培养单位的差异性，细化课程教学大纲、考试大纲。由于各培养单位都用不同形式进行分层教学，那么同一课程也应进行分层命题、分层测试。分别制定考核和办法，实行全国统一的、标准的、科学的预科分类会考制度，在对考试内容做适当变通的基础上，借鉴高考制度。而对民族班而言，可考虑在低年级适当降低考核要求，等待学生赶上进度并适应后再按照正常标准，宜设置过渡期。[①] 会考科目的分层测试更符合民族预科生的实际情况，可以保证民族预科教育考核的公平性。

大体构想是：每个会考科目可以在进行广泛深入的调研后可以有不同形式的分层测试方式：语文类课程：民考民的学生在预和科第一年参加《汉语》课程考试（或是 MHK），第二年可以考虑参加《大学语文》的考试；双语班的学生参加《汉语》课程（或 MHK）考试。英语课程：《大学英语》会考中分层考试，设置两个级别的考试，降低双语班和民考民、二本院校委培预科生英语考核的难度。高等数学现分文科理科两个部分考试，这种方式，在未来的预科会考中将会有较大改变，高考不分文理，预科生也将会不再区分文理科。因此，可以与英语会考一样，同样设置两个层次的考试，不以文理区分，而是根据目标院校的层次来区分。民族理论和民族政策及计算机科目暂时未纳入会考，可以不考虑分层测试。

因为民族预科生的生源地差别，目标院校的差异，使得民族预科教育具有特殊性，在课程体系中以分层教学补足预科生教育的差异，在评价体系里当然也不能“一刀切”，及时完善会考科目和科学地分层考核已经势在必行。

① 别洪玉：《新形势下普通高校预科班和民族班教育存在的问题及对策略》，转引自冯建新，张静：《民族预科教育会考模式改革研究》，《民族高等教育研究》2016 年第 1 期。

2. 修订会考科目教学大纲、考试大纲

2015 年实行全国会考，在会考之前几个月制定了教学大纲和考试大纲，各预科培养单位按照教学大纲教学，出题组按照考试大纲，组织出题。在会考之后，会考中反映出一些课程教学的问题，没有在教学大纲和考试大纲反映出来，大纲没有及时修订。例如，大学语文课程会考后反映出教学大纲和考试大纲中规定的篇目较少，不足以满足大学语文课程应达到的学习需要，各学校一般采取的方式是在教学大纲之外补充进行中国古典文学和现当代文学经典作品的阅读与欣赏。教学大纲中提出的写作部分内容，在会考大纲里也没有得到体现。教学大纲和考试大纲在第一次会考的实践之后，应该根据会考情况及时补充和修订，现状是这部分工作明显滞后了。

3. 建立会考试题库

两年的预科会考出题基本采用方式是从各预科培养单位中抽调一线教师和专家封闭出题。一台计算机，一本教材，出题人各自出题再集中讨论。虽然命题教师教学和命题经验丰富，但囿于条件所限，难免有难为无米之炊之感。各预科培养院校在会考之前都曾提交过数份模拟试题，题目数量较大，出题思路也较为开阔。若能将这些试题分类整理之后，建立一个题型丰富、知识点覆盖面全面的题库，对于出题组的讨论和确定试题将有较大的帮助。因此会考组织部门，应鼓励和要求各院校提供形式多样、内容丰富的试题，并请专家进行分类和整理，以备出题使用。

4. 及时反馈会考数据

会考后考生的成绩汇总后能迅速反馈给各预科培养院校，但反馈的仅仅是总的成绩，反馈数据不够全面。会考中反映出的哪些题普遍失分较多，学生哪些知识点掌握不够牢固，作为一线教师完全无从知晓，对今后的课程教学也没多大帮助和促进。建议会考组织部门，应请专人对各科目会考

的数据做科学和详细地分析，对出题质量和考试情况进行总结和量化分析。会考的反馈不应停留在表彰会考成绩好的院校，而是对会考的课程教学有所帮助，才能实现会考的意义。会考的总结大会不仅要总体评价，还应是分科目进行反馈，详细分析，请教学和科目考试成绩较好的院校介绍成功经验和做法，使各院校一线任课教师在会考后能认认真真地进行广泛交流，教学质量能实实在在地得到提高。

民族预科全国会考是个全新的尝试，会考组织和各预科培养单位都在会考的实践中不断地积累经验，使民族预科教育的考核的方式更为科学，更符合预科教育的实际。会考制度取得的对于民族预科教育、教学促进作用不言自明。存在问题并不可怕，新事物的出现必然会带来很多未能考虑周全的实际问题，但是会考的组织部门和各预科培养单位只要心往一处想，劲往一处使，勇敢面对出现的难题，积极探索，群策群力，相信会考制度会逐步得到完善。

民族预科存在学制短，学生基础知识相对薄弱等特点，培养定位与考核机制成为民族预科教育的热点和难点问题。[①]高考模式的变化，预科生招生规模的不断扩大，学生的文理不分科趋向，全国预科统一考核的全面推行，使民族预科的课程教学模式、评价方式面临了很多新的挑战和难题，必须要应对新的形势和问题进行探索和创新。

---

① 韩思奇、张立文：《建立民族预科统一考核制度应遵循的原则及构想》，《中国民族教育》2012 年第 9 期。

第十二章
民族预科教育招生政策与培养模式创新

预科教育的招生政策决定着预科教育的生源来源和生源质量，而生源来源和生源质量又决定着预科教育的培养模式。因此，招生政策与培养模式之间存在紧密的联系。

一、中华人民共和国成立以来的预科招生政策概述

在第五章中，我们已经对中华人民共和国成立初期的预科招生问题作了比较简单的介绍。在本章中，我们将展开进一步的讨论。

中华人民共和国成立之初，少数民族预科生主要由各民族学院培养。当时，预科的生源实际上是由各地选送的，因此也就不存在招生政策的问题。当时所谓的招生，即使有的采用了考试选拔方式，但相对来说也不严格、不规范。

20 世纪 50 年代后期，民族学院逐渐向正规化发展，招生政策逐步走向规范。1955 年 6 月和 1958 年 2 月，中央民委和教育部在北京召开了两次全国民族学院院长会议。会议提出，民族学院在相当长的阶段以培养少

数民族政治干部为主，同时培养各种专业干部、专业人才和知识分子。根据这一方针，中央民族学院除了继续大力培养少数民族政治干部外，还加大了培养少数民族专业人才的力度。中央民族学院从1956年开始相继开办了医预班、地质班、地理班、气象班、电机班、机械班等中专性质的专业班和政训班、外语培训班等。由于办学规模迅速扩大和学生文化基础的悬殊，1956年7月26日，中央民族学院将预科分为两个平行的机构——预科一部和预科二部。预科一部面向全国各民族地区招生，主要任务是补习初中、高中阶段的文化知识，向高等学校输送优秀的少数民族人才；预科二部着重培养西藏地区的藏族学生，主要任务是补习基础文化知识，培训青年干部。①

与中央民族学院相类似，中南民族学院的预科教育从1956年开始转向长期的文化补习，将学生文化程度提高到高中毕业程度，再转入本院本科各专业继续学习。所设课程基本上是普通中学（初中、高中）课程。1958年起，设高中性质的预科，不再办初中班。同年，学校转向以本科为主，同时办好干训部和预科部，预科招生重点放在少数民族较集中，而文化教育发展水平较低的地区。②

20世纪60年代前期，我国预科教育的招生又有新的变化。中央民族学院从1962年和1963年开始，还举办了专门针对西藏和新疆地区的干训班和高级汉语补习班。

进入20世纪60年代后期，民族高等教育及其预科教育均受到冲击。中南民族学院于1970年停办，直到1980年才得以恢复。中央民族学院从

---

① 中央民族大学预科部编:《预科教育50年——庆祝中央民族大学预科部成立50周年文集》，民族出版社2003年版，第5页。另见宋太成：《中央民族大学预科：唱响了半世纪的摇篮曲》，《中国民族》2003年第4期。

② 李春光：《中南民族大学预科：走内涵式发展道路》，《中国民族》2004年第6期。

1966年到1970年期间停止民族预科教育。[①]“1971年，预科教育在‘文革’动乱的滞办中重新恢复招生。当时称为文化补习班，其办学模式、培养目标与‘文革’前大体相同，主要为西藏地区和新疆地区培养人才。”[②]

少数民族预科教育招生政策逐渐走向定型，是在恢复高考制度以后，特别是改革开放以后。改革开放以后，少数民族预科教育的招生，出现了几个重大变化。

第一个重大变化是开始通过高考录取预科生，并可以适当降分录取。凡是参加高考的少数民族学生，未达到当年本、专科录取分数线的，可适当降低录取分数录取到预科学习。

1981年2月的第三次全国教育工作会议指出：“预科班降分除北京大学仍按全国高等学校最低录取分数线录取外，其他预科班招生如在全国重点高等学校最低录取分数线上的考生不足计划招生时，可适当降低录取线，但以降低总分30分为限。”

在《关于1982年继续在部分高等学校举办少数民族班的通知》中规定：录取分数一般可在录取院校在录取省区确定的最低录取分数线以下降低30～80分；一般录取时就确定专业；录取的学生除一小部分直接上本科外，大多先读预科班。”

1992年11月17日发布的教民厅〔1992〕17号文件《关于加强普通高等学校少数民族预科班工作的意见》中提出，“高等院校民族预科班要注意面向边疆和农、牧、山区定向招生，从参加当年高考的少数民族考生中择优录取。有特殊困难的地区，如无考生进入最低分数线，可由当地推

① 敖俊梅：《中国促进高等教育机会平等政策的回顾——基于1950年以来民族预科教育政策的研究》，《黑龙江高教研究》2010年第1期。

② 宋太成：《中央民族大学预科：唱响了半世纪的摇篮曲》，《中国民族》2003年第4期。

荐，经省、自治区、招生委员会批准，适当降分择优录取若干名。”[①]

1993年2月11日发布的教民〔1993〕1号文件《关于一九九三年继续在部分高等学校举办少数民族班的通知》中规定，“一九九三年继续在北京大学、清华大学等10所高等学校举办民族班，共招收少数民族学生570名。……民族班招生，应从参加当年高考的少数民族学生中按第一批院校录取程序择优录取。其录取成绩一般不低于考生所在省、自治区普通高校本科最低控制分数线。如按上述成绩招不满额时，个别考生可在最低控制分数线以下降低30分录取。再不满额时，招生学校可将招生指标调剂到其他有民族班招生任务的省、区招生。”“民族班招生的专业应根据需要与可能在招生前由学校与有关省、自治区教育部门协商确定，使民族人才培养适应当地建设的需求。”[②]

2000年，教育部规定，民族预科班“录取标准不得低于各有关高校在该省、自治区、直辖市招生最低录取分数线以下80分。”[③]

教育部在关于印发《普通高等学校少数民族预科班、民族班管理办法（试行）》的通知（教民〔2005〕5号）文件第十九条中也规定：“民族预科班、民族班招生，按照国家有关普通高等学校招生录取规定适当降分提档、择优录取。具体降分幅度按照国务院教育行政部门有关规定执行。”[④]

除了全国性的招生降分录取政策外，教育部还在批复有关地区和有关

① 教育部民族教育司：《民族教育文件汇编（1991—2001年）》，红旗出版社2004年版，第296页。

② 教育部民族教育司：《民族教育文件汇编（1991—2001年）》，红旗出版社2004年版，第298页。

③ 教育部民族教育司：《民族教育文件汇编（1991—2001年）》，红旗出版社2004年版，第399页。

④ 教育部关于印发《普通高等学校少数民族预科班、民族班管理办法（试行）》的通知。教民〔2005〕5号。

院校预科招生政策时，明确表示可以降分录取。例如，1991 年 7 月 15 日发布的教民〔1991〕10 号文件《关于海南教育厅申请在有关高校开设民族预科班请示的批复》中提出，“同意你省从今年开始在海南大学、海南师范学院开设一个少数民族预科班，各招收少数民族学生 40 名。民族预科班招生从参加当年高考籍贯在本省的黎、苗、回族应届高中毕业生中适当降分（最多不超过 80 分），择优录取。民族预科班学习时间为一年。学习期满，由所在学校进行考核。思想政治表现好，成绩合格者升入本校的专科或本科学习，列入当年普通高等学校招生计划。毕业后由你省按规定统一分配。海南师范学院毕业的少数民族学生原则上应分回民族地区工作。”①

少数民族学生通过高考降分录取进入预科后，学习一年或两年，在预科学习期间政治表现良好、学业成绩合格者，不用再参加高考，可以直接进入专科或本科学习。

第二个重大变化是招收和培养预科生的高等学校，不再仅仅是民族院校，而且扩大到了其他高等学校。1980 年 6 月，教育部发布的《关于在部分全国重点高等学校试办少数民族班的通知》提出，为了更好地为少数民族培养人才，决定从 1980 年开始，有计划、有重点地在部分全国重点高等学校举办民族班。民族班先在教育部所属 5 所重点高等院校试办，其中北京大学民族班为本科班，清华大学、北京师范大学、大连工学院、陕西师范大学都是预科班。从此开始，教育部所属高等学校中，招收预科生的学校数量有很大增加。具体情况见表 12-1。

① 教育部民族教育司：《民族教育文件汇编（1991—2001 年）》，红旗出版社 2004 年版，第 291 页。

表 12-1　1991—1999 年部分高等学校少数民族班招生名额分配方案

年度＼学校	合计	北京大学	清华大学	北京师范大学	大连理工大学	青岛海洋大学	陕西师范大学	华中师范大学	中山大学	华东师范大学	东北师范大学	西南师范大学
1991	570	30	40	40	40		105	60	50	45	60	100
1993	570	30	40	40	40		105	60	50	45	60	100
1994	570	30	40	40	40		105	60	50	45	60	100
1995	570	30	40	40	40	10	100	60	50	45	60	95
1996	570	30	40	40	40	10	90	60	50	45	60	105
1997	570	30	40	40	40	10	90	60	50	45	60	105
1998	570	30	40	40	40	10	95	60	50	45	60	100
1999	520		40	40	40	10	95	60	50	25	60	100
总计	4510	210	320	320	320	50	785	480	400	340	480	805

注：根据教育部民族教育司：《民族教育文件汇编》（1991—2001 年），红旗出版社 2004 年版，第 288、299、333、344、368、375、385、395—398 页整理。另外，还有三点需要说明：第一、《民族教育文件汇编》（1991—2001 年）缺乏 1992 年数据。第二、1999 年招生计划原定北京大学等 11 所教育部直属学校招生计划 570 人，各校招生人数均与 1998 年相同。后教育部调整了招生计划，北京大学不再招收少数民族班，招生学校减少到 10 所，招生计划总数从上一年的 570 人减少到 520 人（其中，北京大学不再招收少数民族班学生，华东师范大学招生指标减少 20 人）。第三、1999 年，清华大学招收的少数民族班学生直接进入本科，其他各校招收的少数民族班学生，都是预科性质，都要自办或委托其他学校办一年民族预科班。

2000 年 5 月 24 日，教育部颁发《关于下达 2000 年普通高等学校少数民族预科班招生计划的通知》（教民〔2000〕10 号），根据《国务院办公厅转发教育部等部门关于进一步加强少数民族地区人才培养工作意见的通知》（国办发〔1999〕85 号）文件精神，为加快西部大开发战略步伐，培养和造就西部少数民族地区高级专门人才，切实促进西部少数民族地区经济发展和社会进步，“2000 年，中央部委所属高等学校少数民族预科班招生人数扩大到 3000 人左右。”根据教民〔2000〕10 号文件精神，2000 年国务院有关部委所属高校少数民族预科班招生计划数扩大到 2912 人，具体情况见表 12-2。

表 12-2　2000 年国务院有关部委所属高校少数民族预科班招生计划

（单位：人）

部委（人数）	学 校	招生人数
教育部（1280）	大连理工大学	50
	西南师范大学	120
	华中理工大学	70
	东华大学	20
	吉林大学	20
	北京化工大学	20
	吉林工业大学	15
	华东理工大学	20
	合肥工业大学	20
	无锡轻工业大学	20
	武汉工业大学	20
	华中师范大学	70
	中南工业大学	20
	华南理工大学	20
	上海交通大学	20
	南京大学	20
	南开大学	10
	北京外国语大学	10
	兰州大学	20
	北京师范大学	45
	陕西师范大学	150
	东北师范大学	80
	天津大学	10
	复旦大学	10
	同济大学	15
	北京科技大学	20
	东北大学	20
教育部（续）	四川大学	85
	上海外国语大学	20
	浙江大学	20
	山东大学	50
	湖南大学	20
	武汉大学	20
	青岛海洋大学	25
	华东师范大学	25
	中山大学	70
公安部（10）	中国人民公安大学	10
水利部（80）	河海大学	80
部委（人数）	学 校	招生人数
农业部（15）	大连水产学院	15

续表

中国人民银行（20）	陕西财经学院	20
国家税务总局（10）	长春税务学院	10
国家林业局（180）	中南林学院	120
	西南林学院	60
国家电力公司（15）	武汉水利电力大学	15
中国包装总公司（60）	株洲工学院	60
国家民委（908）	中央民族大学	48
	中南民族学院	110
	西南民族学院	210
	西北民族学院	210
	西北第二民族学院	160
	大连民族学院	170
财政部（40）	中央财经大学	10
	中南财经大学	10
	东北财经大学	10
	上海财经大学	10
交通部（20）	西安公路交通大学	20
铁道部（15）	兰州铁道学院	15
信息产业部（20）	西安邮电学院	20
建设部（10）	重庆建筑大学	1
	哈尔滨建筑大学	1
	沈阳建筑工程学院	1
	西北建筑工程学院	2
	南京建筑工程学院	2
	武汉城市建设学院	2
	苏州城市建设环境保护学院	1
国家广博电视电影总局（10）	北京广播学院	10
中国石油天然气集团公司（15）	西安石油学院	15
国家统计局（30）	西安统计学院	30
卫生部（32）	北京医科大学	12
	上海医科大学	10
	西安医科大学	10
国防科工委（142）	北京理工大学	50
	北京航空航天大学	40
	哈尔滨工业大学	52

资料来源：根据教育部民族教育司编：《民族教育文件汇编》（1991—2001 年），红旗出版社 2004 年版，第 401-409 页资料整理。

2000 年，国务院有关部委所属 74 所高校招收少数民族预科班学生，招生计划总数 2912 人。其中，教育部所属高校招生计划 1280 人，占总招生计划的 44%；国家民委所属民族院校招生计划 908 人，占总招生计划的 31%。教育部所属学校 36 所，招生总数 1280 人，平均每校招生将近 36 人。国家民委所属高校 6 所，招生总量为 908 人，平均每校招生 151 人。可见，民族高等院校仍是培养少数民族预科生的重要阵地。

从 2000 年开始，全国少数民族预科的招生不断扩大。到 2016 年，全国少数民族预科招生计划规模达到了 49810 人。将近 5 万人的招生规模，在全国的高校招生人数中所占比例很小，但相对于 21 世纪初期，已有数倍增长。

第三个重要变化是地方院校也开始大量招收少数民族预科生。2001 年，21 个省、自治区、直辖市的 64 所地方院校计划招收少数民族预科生 5323 人（其中含内地高校支援新疆 2001—2005 年五年协作规划任务 154 人）。具体情况见表 12–3。

表 12–3　2001 年地方高校少数民族预科招生规模①

（单位：人）

省市区（人数）	学　校	招生规模
内蒙古（280）	内蒙古大学	100
	内蒙古工业大学	60
	内蒙古农业大学	40
	内蒙古医学院	40
	内蒙古蒙医学院	40
辽宁（26）	大连水产学院	15
	东北财经大学	10
	沈阳建筑工程学院	1
吉林（10）	长春税务学院	10
上海（15）	上海第二医科大学	15
省市区（人数）	学　校	招生规模

① 教育部民族教育司：《民族教育文件汇编》（1991—2001 年），红旗出版社 2004 年版，第 413–415 页。

续表

江苏（6）	南京建筑工程学院	2
	苏州城市建设环境保护学院	1
	南京气象学院	3
湖北（130）	湖北民族学院	130
湖南（730）	湘潭大学	200
	吉首大学	200
	湖南农业大学	150
	中南林学院	120
	株洲工学院	60
江西（10）	江西财经大学	10
山东（10）	山东财经学院	10
广东（50）	广东职业技术师范学院	50
广西（580）	广西大学	175
	广西医科大学	50
	右江民族医学院	50
	广西中医学院	30
	广西师范大学	80
广西（续）	广西师范学院	60
	广西民族学院	135
海南（80）	海南大学	40
	海南师范学院	40
重庆（410）	四川畜牧兽医学院	100
	重庆师范学院	100
	重庆三峡学院	80
	四川外语学院	80
	四川美术学院	50
四川（650）	成都中医药大学	100
	四川师范大学	100
	西南工学院	100
	四川轻化工学院	100
	四川工业学院	100
	泸州医学院	100
	四川师范学院	50
贵州（270）	贵州大学	60
	贵州师范大学	60
	贵州民族学院	150
云南（885）	昆明理工大学	200
	云南农业大学	50
	云南师范大学	170
	云南财贸学院	100
	云南艺术学院	100
	云南民族学院	205
	云南林学院	60
省市区（人数）	学 校	招生规模

续表

西藏（300）	西藏大学	120
	西藏农牧学院	70
	西藏民族学院	110
陕西（80）	西安邮电学院	20
	西安石油学院	15
	西安统计学院	45
甘肃（15）	兰州铁道学院	15
青海（346）	青海大学	60
	青海师范大学	90
	青海民族学院	196
宁夏（440）	宁夏大学	440
总计		5323

从上表可以看出，少数民族人口较多的省市区的地方高校也大量招收少数民族预科生。

第四个重大变化是教育部批准成立了若干预科教育基地，集中培养预科生的趋势有所增强。北京理工大学（秦皇岛分校）、北京邮电大学、黄河科技学院、南昌工学院、陕西师范大学、宁夏大学、西南大学、吉首大学均是教育部批准的预科教育基地。另外，广西民族大学、云南民族大学均是本省的预科生培养基地。这些基地，不仅为本校培养预科生，还为其他高等学校代培预科生。最近一段时间，教育部提出，希望部委所属高校自己培养预科生，因此，教育部预科教育基地的培养规模有所下降。至于此项政策能否执行到底，尚待观察。

第五个重大变化是少数民族预科教育的层次有了较大的提升。目前我国的相关高校不仅招收本科预科生，还招收研究生预科生。2016 年，全国的研究生预科招生计划人数为 1161 人。

综上所述，中华人民共和国成立以来，为了培养大量少数民族人才，少数民族预科教育的招生规模有了巨大增长。在少数民族预科教育招生时，采用的是适当降分录取的政策，其最低者，可以在招生分数线之下 80 分。

该项政策，是对地区教育发展水平不平衡的一种补偿，极大地保障了少数民族学生接受高等教育的权利。

然而，近几年来，有一些人提出，对少数民族的优惠照顾政策，就是对汉族的不公平。在这个方面，学术界的讨论很热烈，讨论涉及的议题主要包括教育公平问题、教育正义问题、是否存在“逆向歧视”问题、对少数民族学生的降分录取应该（以及怎样）有针对性问题等。在这些问题上，由于学术界已有深入讨论，我们不拟在这些问题上多费口舌。下面，结合实践，对学术界关注较少的一些问题作一些阐述和分析。

二、“阳光招生政策”与预科培养模式的调整

进入21世纪之初，党和国家为确保教育公平，逐步实现了公开录取、阳光招生。此举得到了绝大多数人的称赞和拥护。

由于阳光招生政策的成功实施，预科生源质量大幅度提升。这里，至少产生了两个问题：一个问题是在生源质量大幅度提高的情况下，原来的以补习高中知识为主要任务的预科培养模式还有存在的必要性和可能性吗？另外一个问题是，原有的降分录取政策还能落到实处吗？

在这一部分里，本书先来讨论第一个问题。

过去的预科教育，在很长一段时间内，其教学内容和教学任务主要是补习高中阶段的知识。这种培养模式，是符合当时情况的。在降分录取的情况下，很多预科生是通过降分才进入预科学习的，有些人的降分幅度还很大，甚至比本科录取线低了60分、70分甚至80分。生源质量差，也就意味着预科的很多学生文化基础是比较差的，尤其是数学、外语这些课程的基础很差。就理科的预科生来说，没有好的数学基础，在本科阶段是很难适应和跟上教学进度的。在这样的情况下，预科的主要任务是补习高

中知识，尤其是把学生的短板升起来，这是很必要的，也是符合实际的。

可是，现在的生源质量在总体上已经有很大提升。有不少预科生入学的高考成绩，已经达到甚至超过了当地的一本线、二本线。这种情况，可以用中南民族大学的生源质量情况作一个说明（见表 12–4）。

表 12–4　2011 年中南民族大学预科生录取分数情况

地区	批次	文史类			理工类		
		批次线	本科录取线	预科录取线	批次线	本科录取线	预科录取线
广西	一本	519	527	522	506	506	504
河南	一本	562	562	549	582	582	576
湖北	一本	547	552	549	571	575	565
内蒙古	一本	486	462	474	482	423	482
西藏	一本	315	317	308	270	274	245
新疆（民考汉）	一本	413	441	441	417	418	417
云南	二本	465	500	453	380	465	398
广东	二本	536	506	495	504	473	460
安徽	二本	510	532	528	477	493	493
宁夏	二本	463	472	461	444	444	463
山东	二本	512	493	510	503	490	500
重庆	二本	504	523	491	479	479	465

资料来源：中南民族大学招生网，http://zsb.scuec.edu.cn/s/80/t/1007/45/a3/info17827.htm.

在表 12–4 中，12 个省区招收文科生，其中有 4 个省区的最低录取分数超过当地的分数线。另有 3 个省的录取线与省线差距不大。比省线低 10 分以下的有 5 个省区，其中有 4 个地方的最低录取线比当地录取线低 10～20分，只有广东与省投档线差距最大，为41分。12个省区招收理科生，其中有 2 个省区的最低录取线超过当地投档线；有 3 个省区最低录取线与当地投档线持平；比当地投档线低 10 分以内的，有 3 个省区；低于当地投档线 10 ～ 30 分的，有 3 个省区；只有云南降分幅度较大，最低录取分数线比云南省投档线低 67 分。

2013 年，中南民族大学在更多省区市招收预科生，生源情况又有所变化（见表 12–5）。

表 12–5　2013 年中南民族大学预科生招生情况

地区	本科录取批次	文史类			理工类		
		一本批次线	二本批次线	预科录取最低分	一本批次线	二本批次线	预科录取最低分
内蒙古	一本	474	409	469	482	399	473
河 南	一本	519	465	511	505	443	487
湖 北	一本	531	480	532	527	462	522
广 西	一本	541	467	547	510	413	506
云 南	一本	520	455	467	495	425	429
西 藏	一本	310	265	269	290	235	213
宁 夏	一本	484	450	480	455	417	446
新疆（汉语言）	一本	460	394	399	443	378	422
新疆（民考汉）	一本	376	314	399	418	370	422
辽 宁	二本	554	499	531	538	470	467
吉 林	二本	510	401	407	535	421	397
黑龙江	二本	504	424	429	527	437	441
安 徽	二本	540	498	500	490	429	442
福 建	二本	513	431	471	501	401	422
江 西	二本	532	484	473	517	456	440
山 东	二本	570	506	523	554	471	472
湖 南	二本	557	502	534	495	423	443
广 东	二本	594	546	490	574	516	496
海 南	二本	667	590	593	608	541	548
重 庆	二本	556	499	496	520	462	461
四 川	二本	567	505	461	562	492	439
贵 州	二本	522	446	458	449	360	353

资料来源：中南民族大学招生网：http://zsb.scuec.edu.cn/s/80/t/1007/f4/bd/info62653.htm.

从生源情况看，中南民族大学 2013 年在 21 个省市区招收预科生，其中在 8 个地区按一本线招收文科学生，湖北、广西和新疆（民考汉）最低录取线均高于该地一本线。内蒙古、河南、宁夏三地的招生分数线略低于当地一本线，但降分都在 10 分以内。西藏、云南、和新疆（汉语言）的录取线分别比当地一本线降低了 42 分、53 分和 61 分，但仍在二本线以上。而按二本线招生的辽宁等 13 个省市中，有 9 个地方的最低录取线明显高于当地二本线，其中福建高于省二本线 40 分、湖南高于省二本线 32 分。另有 4 个地方的预科录取线低于当地二本线，其中江西、重庆、四川的录取线只是略低于当地二本线，只有广东降分幅度较大，为 56 分。

在按一本线录取理科生的 8 个省市区中，只有新疆（民考汉）的最低录取分数高于当地一本线，其余 7 个均低于当地一本线。在这 7 个地方中，有 5 个地方降分幅度并不大，在 20 以内；降分幅度较大的地方，一个是云南，降分幅度为 66 分，一个是西藏，降分幅度为 77 分。在按二本线录取理科生的 13 个省市区中，有 6 个地方的录取线高于当地二本线，7 个地方的录取线低于当地二本线。在降分录取的 7 个地区，降分幅度最大的是四川，为 53 分，其次为吉林，降 24 分，再次为广东，降 20 分；其余地区仅降数分。

从总体看，中南民族大学文科预科生生源质量高于理科生，中东部地区生源质量高于西部边疆地区。除了少数西部边疆地区生源质量较差外，大部分预科生生源质量高于当地二本线。当然，还需要进一步作出说明的是，在上述表格中，由于没有各省市区所录取最高分和平均分的统计资料，所以，似乎显得中南民族大学预科生的生源质量并不高。但实际上，该校生源质量要高于上述表格中所显示的情况。

目前，国务院部委所属高校预科生生源质量与中南民族大学的生源质量有相似之处，均为中东部生源质量高于西部边疆地区的生源质量。另外，大多数原 985 高校和 211 高校预科生源质量，还要高于中南民族大学的预科生源质量。若中南民族大学预科生源质量平均水平在二本线以上的话，那么，我们完全有理由说，国务院部委所属高校预科生生源质量总体水平基本上达到或超过了各地的二本线。在此情况下，若继续采用补习高中知识的模式进行预科教育教学，显然是学生无法接受的。若继续沿用这种培养模式，只会降低学生的学习兴趣，甚至完全是教育资源的浪费。

和部委所属高校情况有些不同的是，大多数地方院校预科生生源质量相对低一些。对这类学校来说，即使加大补习高中知识的力度，在有限的时间内，也很难让学生有质的飞跃。

预科教育的目的，就是让预科学生的水平和能力有较大提升，在进入本科后，能够跟得上，甚至能够脱颖而出。这是针对全国预科教育的总体而言的。但是，在具体的教育教学过程中，各地方和各学校必须立足本地本校生源质量的实际，从实际出发来探索适合本地本校的预科教育培养模式。我们坚持认为，全国的预科教育不应该有统一的培养模式。

但是，从国家的宏观政策层面来说，应该对预科教育培养模式问题有一些新的思路。我们认为，新思路有两条。一是真正贯彻降分录取政策，尽量不要招收高考分数在当地录取线以上的学生。甚至可以硬性规定，预科只能招收当地录取线以下 30 ～ 80 分的少数民族学生。这种办法，可以确保兴办预科教育的初衷，真正对教育欠发达地区的少数民族学生予以照顾。二是继续实施阳光招生政策，不断提高预科生生源质量，那么，就必须改变补习高中知识的培养模式，改变现有的课程设置，引导学生尽量向本科教育靠拢，甚至可以采取学分制等手段，让一部分预科生直接进入本科学习。

至于在实践中走哪条道路，这是需要政府广泛征求各招收和培养预科生的高校及公众意见之后，才能决定的事情。在这里，我们只能提出一些可供参考的思路而已。

三、降分录取政策如何落到位的问题

从总体上对少数民族实施优惠照顾政策，这是我国的一贯政策。但如上所说，在阳光招生政策实施后，由于符合预科招生条件的人多，而招生指标分配到很多地区后，对每个地区来说，招生计划指标都极为有限。在这种情况下，从高分到低分录取，录取到预科的学生，来自城市的学生越来越多，分数也越来越高。实际上，真正农牧区的孩子和教育不发达地区的学生，要想进入预科学习，在现在的招生政策下，是有一定难度的。

该怎么解决这个矛盾？思路也有两个。一个是严格执行降分录取政策。比如，可以规定必须在省区分数线之下 30 分录取。低于省线不足 30 分的，不能被预科录取。这种办法，对农牧区、边疆、教育欠发达地区的少数民族学生来说，是极大的利好消息。当然，设限 30 分好，还是 20 分好，还是 40 分好，这是可以讨论的。第二个办法是定向招生，把预科招生计划尽量投放到农牧区、边疆、教育欠发达地区和少数民族自治地方。目前不少地方已经有这个方面的实践，关于这种思路不再赘述。

四、招生标准的不同与统一的教育教学之间的矛盾问题

目前，各个高校在招收预科学生时，采用的是分地区招生的方式。由于不同地区的教育发展程度不一样，所以招生分数也不一样。虽然不同地区的学生都符合招生条件，也都进了大学预科，但实际上，不同省区的学生，在文化程度方面的差异和差距还是明显存在的，有时这种差距是呈倍数的。可能 A 生的高考分数是 300 分，而 B 生的高考分数是 600 分。虽然不同地区的分数不能直接对比，但是所有的研究者都公认，我国的教育发展水平极不平衡。

差异如此大的学生进了同一所学校，给预科的教育教学带来了很大的困难。把教育教学目标和教学难度定得高一些，程度低者更是难以跟上学习的难度与进度。把教育教学目标和教学难度定得低一些，中等以上程度的人会觉得完全是浪费时间。最好的解决办法是因材施教，分层教学，小

班教学。可是，要实现这些，首先需要扩大预科教师队伍的规模。

目前，预科教师队伍的扩大问题，不是预科内部能解决的。从宏观上说，受国家的编制政策左右。从微观上说，预科教育机构大多隶属于大学。在我国，很少有预科教育机构是真正独立的法人实体。这种状况决定了预科教育单位很难有人事决定权。

这还只是问题的一个方面。从预科的独特性来说，预科不少学生的文化基础差，需要教师投入更多的精力去辅导他们、帮助他们。也就是说，预科的教师需要投入比本科教师更多的精力。预科的师生比不能和本科完全一样。

所有这些问题，也需要国家从宏观上予以考虑。

五、结论与讨论

中华人民共和国成立以后，为大量培养少数民族政治干部，成立了多所民族学院。进入民族学院学习的学员，文化程度参差不齐，有一些还是文盲。在此情况下，以提高学员文化程度为主要任务的文化补习班和预科教育应运而生。20 世纪 50 年代后期，预科教育也开始培养少数民族专业人才。

少数民族预科教育真正走向规范化和规模化，是在改革开放以后。改革开放以来，从招生方面看，预科教育发生了重大变化，主要表现有以下几个方面。一是预科招生通过高考选拔。二是在招生时可降分录取，最多可降 80 分。三是预科结业生基本上不再直接参加工作，而是进入本专科深造。四是阳光招生政策实施后，预科生源质量，尤其是国务院部委所属高校预科生源质量明显提升，但同时也导致边疆地区、农牧区、教育不发达地区少数民族学生进入预科的难度有所增加，所占比例有所下降，而来自城市的学生的比例有所提高，以至于引起了一些人对预科教育公平、公正和正义性的质疑。所有这些质疑，都跟招生政策有关。

少数民族预科教育招生政策，决定着预科教育的培养模式。招生政策属于国家政策，在国家招生政策没有改变之前，各招收和培养预科生的高校，只能被动适应国家的招生政策。相比较而言，在教学内容和教学方法的选择方面，高校有一定的灵活性。因此，建议国家教育行政主管部门尽早展开专题调研，在充分调查研究的基础上，对预科教育招生政策尽快作出调整，明确规定在当地投档线下 30 ～ 80 分者，才有资格报考预科；同时明确规定预科教育招生指标投放的地区。只有这样，才能确保预科教育有更强的针对性，也只有在这个大前提下，各高校才能更好地确定预科教育培养模式创新的方向与方法。

第十三章
衔接性与少数民族预科教育培养模式创新

正是民族地区和发达地区教育之间的巨大差异和以应试为主的基础教育与以能力为主的高等教育之间的差异，导致民族预科学生从中学到大学需要一个衔接过程，这个衔接既包含知识内容上的衔接，也包含了思维习惯的衔接，还包含思想方法与行为习惯的过渡与衔接。这需要预科教育研究者认清学生实际上存在的问题和需求，也需要预科教育教学单位在教学内容和教学方法上有所突破，既要照顾到学生的实际情况，又要结合大学要求选择合适的内容和方法。

一、民族预科学生多元化的需求

正是预科阶段的学习，使得预科学生对于未来的发展又多了一年的时间充分的思考，也多了一次选择。预科学生需要在预科这一年的学习过程中弄明白自己的选择是什么，预科教育同样需要给学生能够选择自己未来的机会和能力。也正因如此，民族预科的学生在预科学习期间所产生的需求也远远超越普通中学生及普通的大学生。

民族预科学生刚刚结束高考，因高考导致的知识“窄化”现象使得刚进大学的学生对广博的知识无比的渴望，什么都想学习。这也对预科教育提出了满足学生更多知识需求的要求。

由于高考是对学生学习成果的考核，很难考查学生能力倾向，故在高考指挥棒的引领下，基础教育更加重视学生的记忆能力的训练，而忽视了人际交往等其他方面的能力培养。当学生高考压力消失之后，在大学希望获得更多的能力来充实自己。

但是，由于基础教育阶段的学习方法大都是以重复训练为主，对于思想方法的发展并不是很充分，无论是知识的拓展和能力的提升都需要一定的思想方法来实现，所以预科教育阶段需要引导学生学习更多的思想方法，提供更多的知识内容和提升能力的机会。

尽管民族预科的学生没有高考的压力，但是却面临着大学专业的选择。对于学生来说，琳琅满目的大学专业，让他们看得眼花缭乱，他们根本没有能力选择一个适合自己发展的专业。或许民族预科学生根据自己的喜好、家长、学长和老师们的建议进行选择，但是这终究没有个人的直接经验更能说明问题。民族预科教育阶段相比着普通大学新生来说，他们可以有一年的时间来思考自己未来专业的选择。所以预科阶段需要提供更加多样化的课程来让不同的学生进行选择、进行体验。

正是这些需求，使得民族预科教育在课程设计的时候，需要摆脱过去的“预习”和“补习”的思路，根据实际需求把日益脱节的高等教育与基础教育衔接起来，以实现为高等学校输送合格人才的基本职责。

二、衔接型培养模式需要教学内容选择上的创新

衔接型民族预科教育目的能否实现，以及落实到什么程度，还需要细

化为具体的培养目标、教学目标，合适的教学内容，招生政策等各个教育环节来保证。这样民族预科教育的民族政策性才能够通过教育属性来实现。

（一）选择合适的教学内容

要想实现衔接型教育目的，没有合适的教学内容是不行的。在教学内容的选择上，既要照顾到当前学生在基础教育阶段有什么内容没有学到，也要研究高等教育阶段学生需要学习什么。只有明白高等教育阶段对学生的要求，在预科教育阶段才能够有针对性地选择和设计合适的教学内容。

由于预科阶段学生需求各异，基础差异大，这要求课程体系设计需要更多的学科，又需要各个学科充分研究基础教育阶段的不足和高等教育阶段的要求。下面以文科数学为例，来选择衔接预科文科学生学习的数学内容。

（二）文科数学衔接性教学内容选择研究

1. 研究起因

在《民族预科学生专业取向的调查研究》中，在预科期间学生专业取向对学生的影响是非常大的，尤其是一部分文科学生，总是错误地认为自己以后不学习数学；也有文科的学生认为以后的专业学习中会用到大量的数学知识，希望教师能够教更多的数学知识。这种由于专业取向引起对数学学习的不同的需求对数学教学造成很大困扰。

而现在的数学课程不分彼此都学习一样的内容，和基础教育衔接的比较紧密而和高等教育的衔接相对松散，甚至关于基础教育的数学和高等教育之间的衔接进行的研究都很少。在这个背景下，以专业取向概念为指导的基础上，希望文科预科生人人都能学到自己将来需要的数学，实现基础教育和高等教育在数学学习上的紧密衔接。

由于文科学生在数学学习中专业取向表现得尤其明显，故先对本科文科专业的分类以及对于数学学习的需求进行研究。

2. 研究思路

为了把预科文科数学教育和本科结合起来，应先把预科文科学生去向进行分析。由于预科文科学生进入本科是根据专业指标和学生志愿结合而成的，专业指标则是根据高等教育专业分类进行分配，学生志愿则是成绩和自愿相结合的。

鉴于此，首先根据下面介绍当前本科期间的学位种类以供进一步收集预科文科生升入本科之后的专业中的数学课程设置。

学士学位按照种类大概可以分为十三大种：理学、工学、农学、管理学、经济学、医学、教育学、军事学、哲学、历史学、文学、法学和文艺学学士学位。和预科文科学生关系比较密切的学位有：农学、管理学、经济学、教育学、哲学、历史学、文学、法学和文艺学学位。

由于专业和学位还是有很大区别的，尤其是有很多跨学科的专业，可能在不同的学校会有不同的课程设置和不同的学位授予。不同的学校，同一个专业可能会属于不同的学院。但是，课程设置是由各个学院主导的，学位的分类和专业课程的不一致的问题给研究带来一定的麻烦。不过主要我们研究的主题是课程设置，所以在进行下一步课程设置的材料收集的时候，就以各个学位所在的学院的课程作为标准。

所以，下一步就以各个学院与文科相关专业的课程设置为主要内容收集对象。

3. 研究过程

我们课题组开始通过往届毕业生搜集华中师范大学、武汉理工大学和中南民族大学的相关专业的课程设置，在这个过程中，遇到困难，由于专业太多，而且学生也没有办法拿到具体的专业课程设置，所以收集的不是很全面。只有中南民族大学，课题组成员陈琳老师通过教务处拿到了全校专业的课程设置内容。

一个学校的专业课程设置虽然有些不全面，但是对于预科和本科的衔接来说，还是能够说明本科专业对数学学习的需求的。

4. 研究内容

中南民族大学关于文科专业的院系有：法学院，公共管理学院，管理学院，经济学院，马克思主义学院，民族社会学学院，外语学院，文学与传播学学院。每个专业的课程设置分为通识课程、学科基础课程和学科专业课程，每个课程分为必修和选修两类，一共有六类课程。其中，数学课程通常在学科基础课程必修和专业课程选修里面，下面分院系来对各个专业对数学的需求情况进行总结。

（1）经济学院

中南民族大学经济学院一共分为六个专业：保险学、国际经济与贸易、金融工程、金融学、经济统计学、经济学。在这里把这六个专业的数学需求用表格列了下来，如表13–1所示。

表 13–1　经济学院数学课程设置

院系	专业	数学课程											
		学科基础必修（学分）					专业基础选修（学分）						学分
		高等数学B(1)	高等数学B(2)	线性代数	概率论与数理统计	统计学	金融数学	寿险精算学	非寿险精算学	随机过程	金融数学	金融建模	
经济学院	保险学	3.5	3.5	3	3	3	3	3	3				25
	国际经济与贸易	3.5	3.5	3	3	3							16
	金融工程	3.5	3.5	3	3	3				3			19
	金融学	3.5	3.5	3	3	3				3	3	3	25
	经济统计学	3.5	3.5	3	3	3	经济统计学专业专业知识几乎都是统计学内容详见表13–2						
	经济学	3.5	3.5	3	3	3							16

由表 13–1 我们看到，经济统计学关于数学课程设置主要分布在学科基础课程必修和学科专业选修课程中，而经济统计学专业数学课程更多，除了在学科基础课程中有 16 学分之外，在专业课程中竟然有 43.5 学分，如表 13–2 所示。在其他专业也有不同程度的数学应用。

表 13–2　经济统计学专业数学课程设置

课程名	课程类别	学分
随机过程	专业必修课	3
抽样技术与应用	专业必修课	2.5
多元统计分析	专业必修课	3
时间序列分析	专业必修课	3
经济预测与决策	专业必修课	3
运筹学	专业必修课	3
企业经济统计学	专业必修课	2
社会统计学	专业选修课	3
区域经济学 A	专业选修课	3
数据挖掘	专业选修课	3
应用回归分析	专业选修课	3
非参数统计	专业选修课	2
贝叶斯统计学	专业选修课	3
统计计算	专业选修课	2
试验设计	专业选修课	2
博弈论 A	专业选修课	3
		43.5

通过课程设置可以发现，在经济学中数学知识既是基础，又是进一步提高的需要（从专业选修课中出现越来越多的数学内容可以知道）。

（2）管理学院

中南民族大学管理学院包括八个专业，在学科基础必修课程中，各个专业关于数学课程的设置都有 16 学分，如表 13–3 所示。但是在专业必修和专业选修中数学知识渐少，大多属于管理学与运筹学和博弈论的交叉学科，但是很明显看出数学知识在管理学中的应用越来越多。

表 13–3　管理学院数学课程设置

院系	专业	数学课程					
		学科基础必修（学分）					学分
		高等数学B（1）	高等数学B（2）	线性代数	概率论与数理统计	管理统计学	
管理学院	财务管理	3.5	3.5	3	3	3	16
	电子商务	3.5	3.5	3	3	3	16
	工商管理	3.5	3.5	3	3	3	16
	会计学	3.5	3.5	3	3	3	16
	旅游管理	3.5	3.5	3	3	3	16
	人力资源管理	3.5	3.5	3	3	3	16
	市场营销	3.5	3.5	3	3	3	16
	信息管理与信息系统	3.5	3.5	3	3	3	16

（3）公共管理学院

公共管理学院包括管理学、教育学和心理学，课程设置相对比较复杂，对于数学的需求也不少很一样，管理学对于数学的需求稍微多一点，而心理学对于数学应用也有一定的要求（见表 13–4）。

表 13–4　公共管理学院数学课程设置

院系	专业	数学课程										学分
		学科基础必修（学分）				学科基础选修（学分）			专业基础必修（学分）	专业基础选修（学分）		
		高等数学B（1）	高等数学B（2）	应用统计学	统计分析操作–spss	概率论与数理统计	线性代数	高等数学C	公共管理定量分析	心理统计	心理测量	
公共管理学院	公共事业管理	3.5	3.5	3.5		3	3		2.5			19
	行政管理	3.5	3.5	3.5		3	3					16.5
	教育技术学	3.5	3.5									7
	教育学							4				4
	劳动与社会保障	3.5	3.5	3.5		3	3		2.5			19
	应用心理学				2					3	3.5	8.5

（4）民社学院

中南民族大学民社学院包括四个专业，分别是：历史学、民族学、社会工作和社会学。历史学和民族属于比较传统的文科，课程中不包括数学内容；而社会工作和社会学则需要很多数学知识，具体如表 13– 5 所示。

表 13–5　民社学院数学课程设置

院系	专业	数学课程				
		学科基础必修（学分）		学科基础选修（学分）	专业基础选修（学分）	学分
		高等数学 B（1）	社会统计学 A	概率论与数理统计	定量分析技术与操作练习	
民社院	历史学					0
	民族学					0
	社会工作	4	4	3		11
	社会学	4	4	3	2	13

（5）法学院

中南民族大学法学院有三个专业，分别为：法学、政治学与行政学、知识产权。这三个专业都涉及社会调查与统计方法（见表 13–6）。不过鉴于数学知识的连续性，没有高等数学基础而直接学习统计方法的效果是值得商榷的。

表 13–6　法学院数学课程设置

院系	专业	学科基础必修（学分）	学科基础选修（学分）	专业基础必修（学分）	专业基础选修（学分）	学分
		社会调查与统计方法	社会调查与统计方法	高等数学基础	社会调查与统计方法	
法学院	法学				2	2
	政治学与行政学	2				2
	知识产权			3		3

（6）外语学院

中南民族大学外语学院有五个专业，分别为：朝鲜语、日语、商务英语、英语（翻译）和英语（语言文学）。其中，只有商务英语课程设置在学科基础必修课程中有高等数学 C，其他专业都没有开设和数学相关的课程。

（7）文传学院

中南民族大学文传学院一共包括五个专业，分别为广播电视、广告学、汉语国际教育、汉语言文学和新闻学，其中课程没有涉及数学课程。

5. 研究总结

通过对以上和文科相关的七个学院一共 37 个专业的课程进行了研究，对数学课程没有需求的专业有文传学院的 5 个专业、外语学院的 4 个专业和民社学院的 2 个专业，主要是文学、教育学和历史学。

其他的 26 个专业都涉及数学课程，经济、管理相关专业对数学需求比较大，社会工作和法律相关专业需求次之。

这种现象可以理解为数学应用在经济、管理领域应用比较广泛，而在社会工作和法律相关领域数学应用刚刚开始，而语言类和文学类领域数学应用比较少。

从教育的角度来看，如果仅仅是继承性的学习，数学作为基础和一些简单的数学应用就足够了，但是从创新的角度来看，尤其是一些数学应用还不太广泛的领域，反而更需要数学。

所以需要进一步探索从不同的数学需求来安排预科阶段的数学课程设置。

（三）民族预科文科数学衔接性教学内容实验研究

1. 实验设计

（1）实验设计的思路

通过调查可知经济学院对数学需求最大，有高等数学、线性代数、概率论与数理统计作为必修课，选修课涉及随机方程、金融建模等课程；法学院，公共管理学院，管理学院涉及高等数学、线性代数、概率论与数理统计；民族社会学学院，外语学院则只有高等数学和统计学内容。

根据关于本科文科专业分类及数学学习需求的研究，可以把预科阶段对数学不同需求的学生分为三类：对数学没有需求的学生（如专业取向为文学的学生）；对数学一般需求的学生（如专业取向为管理类的学生）；热爱数学的学生（如专业取向为经济类或综合类的学生）。

民族预科阶段这三类学生未来对数学的需求是不一样的，所以在课程设计的时候需要满足学生需求的多样性，使得所有的学生都能够学到所需求的数学。因此，根据学生对学生的需求对课程进行分层设计（这里就不再考虑对数学没有需求的这类学生）。

第一个层次是针对数学有所需求的学生来说，主要讲授高等数学，作为必修课程全体预科学生都要学习。

第二个层次是对针对未来对数学需求比较多的学生，课程包括高等数学、概率初步和统计初步。其中，概率初步和统计初步作为选修课程供部分热爱数学和对数学有需求的学生选修。

（2）衔接课程设计

高等数学作为必修课预科学生都必须学习，这里就不再赘述。在这里主要谈论概率初步和统计初步课程的衔接。

由于选学概率、统计课程的学生到本科还会继续学习，所以在预科阶段作为衔接的阶段就没有必要和本科完全一样，而且由于各个专业对于概率和统计的需求程度不同，所以在预科阶段也不能把本科所有的概率和统计课程内容都呈现出来。这需要在对概率统计课程设计的时候保证满足本科阶段所有（至少大多数）专业的需求，也就是要找到这些专业对概率和统计课程的交集。

对概率统计的需求大概分为理论和应用两个方面，不同的专业对概率和统计学的理论需求是不完全一样的，应用更是完全不同。如统计学在管理专业的应用就成为管理统计学，在社会工作专业应用就成为社会统计学，心理学专业要学习心理统计学。这些专业对于理论基础的概率论和数理统计学要求则不一样。经济学院、管理学院把概率论和数理统计当作必修课程，而社会工作等专业则不学习。所以各个专业对概率和统计课程需求的交集从应用上是找不到的，只能从理论基础入手。尽管有些专业对概率论和数理统计理论要求不高，但是理论作为应用的基础，想用好，理论是必须学好的。因为在这里把概率和统计的理论和思想作为本科各专业概率和统计课程的交集。

由于预科作为衔接阶段，课程也是有限，即便是讲授一部分概率和统计的内容时间也是很紧张的，因此要对概率和统计课程的内容进行甄选。

（3）课程大纲的设计

本着概率统计的思想、理论以及应用的衔接，制订了《概率初步》和《统计初步》的大纲，每门课各 34 个学时，分两个学期完成。详见附录 1《概率初步（文科）》教学大纲、附录 2《统计初步（文科）》教学大纲。

2. 实验过程

在 2014—2015 学年，实验正式实施。根据教学大纲，概率初步和统计初步作为选修课程供文科学生选课，一共有 26 位同学选择统计初步、18 位同学选择了概率初步。因为选修课人数低于学校要求的 30 人，故不能正常开课。由于这几十位同学强烈的数学学习的需求，集体向学校教务处请愿，后作为专业课程才得以正常开课。在开设的过程中，发现文科大部分学生对数学学习的惰性比想象中的要大，同时也发现低估了少部分对数学需求的强烈意愿。

由于预科教育学院在课程设置的时候，当时选修课都在第二学期开设，所以概率初步和统计初步同时开课。这对于具有一定连续性的两门课程来说，产生了很大的影响，在一定程度上影响了实验的效果。所好的是选择统计初步的同学大部分都选择了概率初步。

3. 实验结果分析

经过一个学期的学习，学生们理解了概率和统计的基本理论和思想，能够应用概率和统计的方法解决一些实际问题，基本上达到了大纲中的要求，为进入本科继续学习奠定了数学思想和方法的基础。

根据进入经管专业的学生反馈，他们现在在数学方面的学习遥遥领先那些 2015 级的理科大一新生。有些进入文学等社会学科专业的学生，则明显感觉到他们和 2015 级本科生之间的思维和方法的差异。

由此可见，这次课程实验还是有很大的效果，对文科预科学生的影响是显而易见的。

4. 实验中的困难和建议

研究中遇到的主要困难就是预科统一考试对学生学习数学观念的冲击，实验本身是从学生需求出发，而统一考试则是从应试的角度出发，这就导致部分学生产生“不考的不学”的观念，在研究过程中，低估了预科文科学生应试下的惰性，以至于选课人数不是非常多，实验范围较小。

在实验过程中，发现很多学生有很强烈的数学学习的需求，只是因为担心学不好数学，更害怕考试不过关。这种典型的应试教育的心态对于实验也带来了很严重的影响，以至于学生喜欢刷题而不喜欢去深入理解数学思想和方法。

应试教育的观念在学生中根深蒂固，影响思想方法的学习，这是试验中现在和将来都需要解决的问题。

5. 结语

这次实验课程让人感觉到了文科学生对于数学恐惧和渴望的矛盾心理。恐惧则表现在低的选课率，渴望则表现为无法开课时的请愿。这说明数学课程在应试教育中出现了问题，也为我们指明了数学课程改革的方向。数学是一门思想和方法的学科，需要建立在学生理解的基础上进行学习，一味地应试则得不偿失。

由于预科要全国统一考试，概率和统计不在考试范围内，所以这些课程实验无法继续进行下去，无法进行长期的跟踪调查，也无法对课程进一步的改善。但是能够改变几十位文科生对数学的观念，让他们从恐惧数学到喜欢数学也是一个大的收获。

（四）衔接型培养模式需要课程体系构建有所创新

要满足民族预科学生对不同知识的需求，一门课很难满足，这需要采用多元标准来设计课程。以文科数学学生为例，愿意学习经管专业的学生，可以学习更多的数学知识作为思想、方法和知识上的储备，而不明白自己学习什么专业的学生则可以通过选修更多的知识进行体验，让他们的专业选择更加符合自己的能力倾向。

其他学科，如语文、英语等也可以采用类似的方式进行构建自己的课程体系，以供学生进行选择。

（五）衔接型培养模式需教学管理和教学评价进行创新

当课程体系和教学内容有所创新时，则对当前的教学管理和评价体制提出了挑战。毕竟一门成熟的课程需要一段时间的沉淀，新开设的科目的目的更多的是为了让学生进行体验性学习，所以当前按照学生喜好进行评价的课程和教学管理方式是会影响教师设置多样化的课程的积极性的。

或许在进行衔接型培养模式创新的时候，还会遇到更多的问题，但是为了提高民族预科教育质量，满足学生多元化需求，提供更多样化的课程，值得去为之努力。

附录 1：《概率初步（文科）》教学大纲

一、课程基本信息

课程编号：2160030008

中文名称：概率初步（文科）

英文名称：Guidance of Probability （Arts）

适用专业：文科

课程类别：专业选修

开课时间：每学年第一或者第二学期

总学时：34 学时

总学分：2 学分

二、课程简介

概率论是研究自然界、人类社会以及技术过程中随机现象的数量规律的一门数学.数理统计学则是以概率论为指导，研究如何有效地收集和分析数据，以对所考察的问题进行推测或预测，直至为采取一定的决策和行动提供依据和建议。随着现代科学技术的迅速发展和人类生活条件的不断改进，概率论和数理统计学得到了蓬勃发展，二者不仅形成了系统的理论，而且在自然科学、人文社会科学、工程技术及经济管理等方面有越来越广泛的应用。

三、相关课程的衔接

本课程按照两个学期的教学安排（“概率初步”课第一学期，“统计初步”第二学期），也可以单独开概率初步，但是统计初步则需有概率基础，需开在第二学期。

四、教学的目的、要求与方法

（一）教学目的

通过一学期的学习，使得学生能够深刻地了解随机事件和概率的思想方法，能够解决关于随机事件的概率问题；能够使得学生理解随机变量的概念，掌握随机变量的严格定义和分布函数，熟练求出随机变量的期望、方差等数字特征；能力理解随机向量的概念，以及二维随机向量的数字特征。为进一步学习数理统计打下坚实的基础，能够培养学生既有抽象思维能力又有概率统计的直觉与对随机性的想象力，为进入本科的学习各个专业提供有力的数理统计分析的基础。

（二）教学要求

本课注重处理逻辑严谨性与生动直觉的关系，要求学生注意处理逻辑思维能力的严谨性和概率统计中的随机性的关系。要求学生必须认真听讲，仔细揣摩随机思想方法，做好课堂笔记，并积极参与教学活动，积极完成课内外作业。

（三）教学方法

1. 教学课堂讲解为主，辅以课外作业、练习和试验。板书和多媒体结合形势，既具有直观性又能够展现思维逻辑过程，便于学生理解，更好地

更新学生认知结构 。

2. 学生要做好笔记，借阅参考书，以加深理解。

五、教学内容（实验内容）及学时分配

（一）组合分析（4 学时）

1. 引言
2. 计数基本法则
3. 排列
4. 组合
5. 多项式系数

本章的重点和难点：计数基本法则的理解。

（二）随机事件与概率（10 学时）

1. 随机事件及其概率
2. 事件的运算与概率的加法公式
3. 古典概型
4. 概率的公理化定义和性质
5. 条件概率与独立性
6. 全概率和逆概公式

本章的重点和难点：公理化体系的建立；随机事件的理解和条件概率与独立性。

（三）随机变量与概率分布（10 学时）

1. 随机变量的概念
2. 离散型随机变量
3. 连续性随机变量

4. 随机变量的严格定义与分布函数

5. 随机变量的函数

6. 随机变量的数学期望

7. 随机变量的方差及其他数字特征

本章的重点和难点：随机变量概念的理解。

（四）随机向量（10 学时）

1. 随机向量的概念

2. 二维随机向量的联合分布与边缘分布

3. 随机变量的独立性

4. 两个随机变量的函数

5. 二维随机变量数字特征

本章的重点和难点：随机向量概念的理解。

六、作业（报告）

每周学生需要做一次作业，一个学期批改四次作业。

七、课程考核

课堂讨论、质疑：30% 权重

平时作业：30% 权重

期末考查：40% 权重

八、教材及主要参考资料

暂无统编教材，可参考以下教程。

［1］陈家鼎、郑忠国编：《概率与统计》，北京大学出版社 2007 年 8 月第 1 版。

[2] 章昕主编：《概率统计习题集》，科学技术文献出版社 2000 年 8 月第 1 版。

[3]（美国）道恩·格里菲思（Dawn Griffiths）：《深入浅出统计学》，李芳译，电子工业出版社 2012 年版。

[4] 埃维森、格根：《统计学（基本概念和方法）》，吴喜之译，高等教育出版社，施普林格出版社 2000 年版。

九、其他

本课程教学大纲是关于民族预科教育文科学生专业知识在广度上和深度上扩展的一次探索，由于学生基础不一，专业取向不同，可能会给教学带来一些意外的事情，所以不排除在实际教学中有些内容或者进度会有所改动。

附录 2：《统计初步（文科）》教学大纲

一、课程基本信息

课程编号：2160030010

中文名称：统计初步（文科）

英文名称：Guidance of Statistics （Arts）

适用专业：文科

课程类别：专业选修

开课时间：第二学期

总学时：36 学时

总学分：2 学分

二、课程简介

统计学是以概率论为指导，研究如何有效地手机和分析数据，以对所考察的问题进行推测和预测，直至为采取一定的决策和行动提供依据和建议。随着现代科学技术的迅速发展和人类生活条件的不断改进，概率论和数理统计学得到了蓬勃发展，在自然科学、人文社会科学、工程技术及经济管理等方面有越来越广泛的应用。预科阶段文科学生将来会面临各类人文学科的学习，必要的统计方法有利于其更加深刻的理解社会现象，掌握社会规律。

三、相关课程的衔接

与相关课程的前后续关系。本课程按安排在第二学期，需有一定的概率基础，所以要先学习概论初步。

预修课程(编号)：概率初步(2160030008)；大学数学(一)(02010331)

并修课程（编号）：无。

四、教学的目的、要求与方法

（一）教学目的

通过一学期的学习，使得学生能够深刻地理解统计思想，能够初步应用统计方法解决一些实际问题；注重理论联系实际来协调逻辑推理论证和实际应用之间的关系；学习统计学中关于估计的概念和应用；学习假设检验以及在实际问题中的应用；为进入本科的学习各个专业提供有力的统计分析的基础。

（二）教学要求

本课注重处理逻辑严谨性与生动直觉的关系，要求学生注意处理逻辑思维能力的严谨性和概率统计中的随机性的关系。要求学生必须认真听讲，仔细揣摩随机思想方法，做好课堂笔记，并积极参与教学活动，积极完成课内外作业。

（三）教学方法

1. 教学课堂讲解为主，辅以课外作业、练习和试验。板书和多媒体结合的形式，既具有直观性又能够展现思维逻辑过程，便于学生理解，更好地更新学生认知结构 。

2. 学生要做好笔记，借阅参考书，以加深理解。

五、教学内容（实验内容）及学时分配

（一）统计学中的基本概念（4 学时）

1. 引言

2. 若干基本概念

本章的重点和难点：让学生初步理解统计的思想。

（二）估计（18 学时）

1. 最大似然估计

2. 矩估计

3. 估计的无偏性

4. 无偏估计的优良性

5. 估计的相合性

6. 估计的渐进分布

7. 置信区间和置信限

本章的重点和难点：理解估计的意义和掌握估计方法。

（三）假设检验（14 学时）

1. 问题的提法

2.N–P 引理和似然比检验

3. 单参数模型中的检验

4. 广义似然比检验和关于正态总体参数检验

5. 关于比率的检验

6. 拟合优度检验

本章的重点和难点：理解假设检验的意义，掌握假设检验的思想和方法。

六、作业（报告）

两周布置一次作业，一个学期批改四次作业。

七、课程考核

课程讨论、答问：30% 权重

作业：30% 权重

期末考查：40% 权重

八、教材及主要参考资料

[1] 陈家鼎、郑忠国编：《概率与统计》，北京大学出版社 2007 年 8 月第 1 版。

[2] 章昕主编：《概率统计习题集》，科学技术文献出版社 2000 年 8 月第 1 版。

[3]（美国）道恩·格里菲思（Dawn Griffiths）：《深入浅出统计学》，李芳译，电子工业出版社 2012 年版。

[4] 埃维森、格根：《统计学（基本概念和方法）》，吴喜之译，高等教育出版社，施普林格出版社 2000 年版。

九、其他

本课程教学大纲是关于民族预科教育文科学生专业知识在广度上和深度上扩展的一次探索，由于学生基础不一，专业取向不同，可能会给教学带来一些意外的事情，所以不排除在实际教学中有些内容或者进度会有所改动。

附录 3：中南民族大学预科教育学院学生综合素质评分细则

（一）学生综合素质分满分 200 分，分为日常行为分、处罚分和奖励分。奖励分和处罚分分别采用正负分制。上述分数，全额计入学生预科结业升本成绩。

（二）日常行为分总分 120 分，分为考勤分（80 分）、日常行为表现分（40 分）及处罚分，按正负分值计算。

（三）奖励分上限 80 分，分为个人成长、集体活动、集体贡献。加分超过 80 分，以 80 分计。

二、量化评分标准

（一）日常行为分

1. 考勤分（80 分）

<table>
<tr><th>项目</th><th>分数设置</th><th>评分对象</th><th>备注</th></tr>
<tr><td>课堂考勤</td><td>30 分</td><td>旷课每人次扣 1 分，节假日未经请假早退或未按时返校每人次扣 2 分（无故旷课累计达一定次数按照相应处罚条例处理）</td><td rowspan="4">各班班委协助纪检部进行考勤统计并上报秘书处（纪检部报备）。各项分数扣完为止。事假病假经辅导员批准不算缺勤，但也不算满勤。未在一周内补假条，按缺勤处理</td></tr>
<tr><td>早自习考勤</td><td>20 分</td><td>早自习未经请假无故缺勤每人次扣 1 分</td></tr>
<tr><td>就寝考勤</td><td>20 分</td><td>在就寝考勤中，未经请假夜不归寝者每人次扣 2 分</td></tr>
<tr><td>班团会考勤 / 学院组织的集体活动</td><td>10 分</td><td>缺勤一次扣 1 分，迟到、早退一次扣 0.5 分</td></tr>
</table>

2. 日常行为表现分（40 分）

项目	分数设置	评分对象	备注
辅导员	15 分	三部分分别由相应的班级的班主任、辅导员、班助根据学生一年的品德表现（思想政治表现、学习态度等）评定	辅导员、班主任、班助填写评分表后由秘书处汇总
班主任	15 分		
班助	10 分		

（二）处罚分

项目	分数设置	备注
违反校纪校规	受到学院通报批评的，扣 10 分；受到警告处分的，扣 15 分；受到严重警告处分的，扣 20 分；受到记过处分的，扣 25 分；受到留校察看处分的，扣 30 分（多次违纪的累计扣分）	辅导员统计。 鉴于给学生改过自新的机会，关于违反校纪校规，设置表现积极分：因积极表现，（至少有一个月表现优秀）。得相应处分处罚分一半加分
寝室安全卫生检查	在寝室安全卫生检查中寝室卫生低于及格线的寝室，每人次扣 1 分（累计三次排名靠后三的寝室：累计 3 次扣 1 分）；违章使用大功率电器、私拉电线者每人次扣 2 分	
行为表现	错过选课等重大通知，给本人及学院带来不必要的麻烦，每人次扣 2 分	教学秘书、辅导员等统计

（三）奖励分

1. 个人成长

项目	分数设置	评分对象	备注
先进评比	获校级一等奖记 4.5 分；二等奖记 4 分；三等奖记 3.5 分；优秀奖记 3 分	校级奖励者（均为决赛）	个人填写奖励分申报表，各班班长统计后上报秘书处，学院审核。所有获得奖项须为预科阶段。只报名无成绩不计分
	获院级一等奖记 2.5 分；二等奖记 2 分；三等奖记 1.5 分；优秀奖记 1 分	院级奖励者。学院开展活动，如：民族杯系列赛事（主持人大赛、英语演讲比赛）（均为决赛）等	个人填写奖励分申报表，各班班长统计后上报秘书处，学院审核。所有获得奖项须为预科阶段。只报名参加无成绩不计分
	主席团成员记 4 分；各部部长、副部长、各班班长、团支书记 3 分；各班班委记 2 分；寝室长记 1 分；学院记者团团长、辩论队、篮球队、足球队队长等记 1.5 分，成员记 1 分	学生干部工作称职者等	个人填写奖励分申报表，各班班长统计后上报秘书处，学院审核。以学期为单位

续表

项目	分数设置	评分对象	备注
思想德育	“学生标兵”“三好学生”“优秀学生干部”“优秀团员”“模范团干”“青年学生标兵”等单项奖记 1 分		个人填写奖励分申报表，各班班长统计后上报秘书处，学院审核
	诚信正直，敢于同坏人坏事及不良现象做斗争，并及时上报，由学院领导及辅导员商讨确定加分		学院审核，秘书处统计
社会实践	递交项目申报表、并通过学院审核记 1 分；撰写调查报告记 2 分；撰写调查报告并被评为院级社会实践积极分子记 3 分；撰写调查报告并在校获奖或被评为校级社会实践积极分子记 4 分		个人填写奖励分申报表，各班班长统计后上报秘书处，学院审核，所有获得奖项须为预科阶段
学术论文	按照《课程设计》总评成绩的 20% 计入		学院统计
撰写读书笔记	每月定期上交一次，每次经负责老师阅读后记 1 分/篇（每篇按照相关要求，手写，字数在 2500 字左右，上限为 16 分）		个人填写奖励分申报表，学习部统计后上报秘书处，学院审核
全勤奖	按时参加教学课程，课堂全勤（无请假、迟到、早退记录），以月为单位，全勤个人加 1 分（上限 8 分）		个人填写奖励分申报表，学习部统计后上报秘书处，学院审核
	按时参加早自习（无请假、迟到、早退记录），以月为单位，全勤个人加 1 分（上限 8 分）		个人填写奖励分申报表，纪检部统计后上报秘书处，学院审核
小太阳成长计划	根据“小太阳”成长计划之“明日奖”申报表、结项表及支撑材料而定分数（1 ～ 3 分）		学习部统计上交汇总材料，学院审核
新闻传媒等	详见记者团、青苗学业帮扶、少数民族言语能力培养等方案		个人填写奖励分申报表，各社团组织相关负责人统计后上报秘书处，学院审核

2. 集体活动

项目		分数设置	评分对象	备注
活动比赛	院级活动	荣获一等奖记 1.5 分；二等奖记 1 分；三等奖记 0.5 分，优秀奖记 0.25 分	荣获比赛最终奖项的团队（人数上限 25 人）成员	各活动负责人将名单汇总后上报秘书处。所有获得奖项须为预科阶段（院校同一种比赛不重复累加）
	校级活动	代表学院参加学校举办的比赛记 1 分；获得奖项 20% ～ 50%，记 3 分；奖项前 20%，记 4 分	代表学院参加学校举办的比赛并荣获奖项的团队（人数上限 25 人）成员。例：运动会（方阵队等）、校级寝室文化大赛等	

续表

项目	分数设置	评分对象	备注
志愿活动	≤ 1.5 工时：0.25 分 / 次； ≤ 2 工时：0.5 分 / 次； ≤ 4 工时：1 分 / 次； ≥ 4 工时：1.5 分 / 次	参加学院组织的志愿活动，一般包括：拉拉队及各种志愿活动。优秀志愿者另加 1 分。活动次数上限为六次 志愿者准备评选项目申报立项、结项的团体相关负责人（人数上限为 5 人）（立项成功，且参加结项）每人加 1 分	各活动负责人将名单汇总后上报秘书处。志愿活动每次活动成员需要签到签退，并全程完成志愿活动（由活动负责人进行监督）。所有获得奖项须为预科阶段

3. 集体贡献

项目	分数设置	评分对象	备注
早自习全勤	以月为单位，若班级全勤，班级每位成员加 3 分（个人和班级都全勤，不重复加分）		纪检部统计
寝室安全卫生检查	寝室安全卫生检查中，累计三次排名前三的寝室每人次加 1 分		生活权益保障部统计
“先进班集体”“红旗团支部”“先进团支部”“民族团结先进团支部”等	学校级每位成员记 2 分；学院级每位成员记 1 分。获学校级准备评选申报材料的负责人（上限 3 人）记 1 分；学院级准备评选申报材料的负责人（上限 3 人）记 0.5 分	获得“先进班集体”等荣誉称号的全体成员；获得先进班集体、优秀团支部等荣誉称号的准备评选申报材料负责人（上限 3 人）	组织部统计
迎新晚会	参与迎新晚会筹备或节目负责人加 0.5 分；参与出演一个节目者加 1 分；两个及以上节目者，加 2 分，不重复加分		相关部门整理名单后交秘书处统计

三、综合素质分的统计与使用

（一）学生日常行为量化成绩以学年为单位，每学期考核一次，每学年总评一次。最终成绩作为各类“先进”评比、优秀团员、推优入党、优秀学生、奖学金评定等工作的基础依据。

（二）班级总评成绩平均分作为该班评选各级别“先进班集体”“优秀团支部”等的主要依据；总评成绩平均分排名最后的班级，酌情减少或取消该班各级别“优秀学生干部”“优秀团员”的名额（总评成绩平均分 = 班级总得分 / 班级总人数）。

（三）考勤分和处罚分，采取分班每学期通报公示制；奖励分（个人成长、集体活动和集体贡献）采取个人申报和归档统计制。

（四）考勤分每月小结一次。学生干部每次扣分多扣 0.5 分，扣完学生干部奖励分，按正常扣分细则。

（五）奖励分各项内容统计申报由学生本人进行，必须附奖状证书复印件，社会实践及新闻传媒作品等需要报复印件或相关证明材料。

后　记

历时三年，由本人主持的教育部人文社会科学研究一般项目《民族预科教育培养模式创新研究》（项目批准号：13YJA880076）终于完成了研究工作。在课题研究的过程中，承担任务的各位同人，在繁忙的工作之余，还要加班加点进行研究，其辛苦程度可想而知。每念及此，心中都是愧疚和感谢。愧疚的是，让他们牺牲了很多休息的时间，让他们少了很多和家人团聚的欢乐。感谢的是，由于他们的辛勤努力，课题研究任务终于完成，应该为他们付出的汗水和辛劳表达我诚挚的感谢和敬意！

在课题成果即将出版之际，兹将分工记载于此。蒋永红：第六章、第十三章；刘君强：第八章、第九章；马洁：第十章、第十一章；王奎正：导论、第一章、第二章、第三章、第四章、第五章、第七章、第十二章。全书由王奎正提出总体构想并统稿。

书中不可避免地会存在缺点和错误，希望读者和方家不吝赐教。

王奎正

2017 年 3 月